Unterricht GESCHICHTE
Themen · Materialien · Medien

Reihe A · Band 9:
Absolutismus

Autor:
Werner Koppe

Herausgeber:
Hans Georg Kirchhoff · Klaus Lampe

Aulis Verlag
Deubner & Co KG

Die Deutsche Bibliothek — CIP-Einheitsaufnahme

Werner Koppe:
Absolutismus / Autor: Werner Koppe.
Hrsg.: Hans Georg Kirchhoff ; Klaus Lampe.
– Köln: Aulis-Verl. Deubner, 2001
(Unterricht Geschichte : Reihe A ; Bd. 9)
ISBN 3-7614-2288-1

Unterricht Geschichte · **Reihenübersicht:**	**An der Reihe arbeiten folgende Autoren mit:**
Reihe A	Dr. *Maria Blochmann*, Lehrerin i. R., Marl
Band 1: Ur- und Frühgeschichte*	
Band 2: Frühe Hochkulturen	Prof. Dr. *Elisabeth Erdmann*, Universität Erlangen-Nürnberg
Band 3: Griechenland*	
Band 4: Rom*	Prof. Dr. *Hans Georg Kirchhoff*, Universität Dortmund
Band 5: Spätantike und Frühmittelalter	
Band 6: Hoch- und Spätmittelalter	Priv. Doz. Dr. *Werner Koppe* Universität Dortmund
Band 7: Entdeckungen und Kolonialismus*	
Band 8: Das Zeitalter der Glaubenskämpfe	Dr. *Herbert Kraume*, Gymnasium Freiburg
Band 9: Absolutismus*	
Band 10: Französische Revolution	Prof. Dr. *Klaus Lampe*, Universität Dortmund
Band 11: Liberalismus und Nationalstaat	
Band 12: Imperialismus und Erster Weltkrieg	Dr. *Erika Münster-Schroer*, Stadtarchiv Ratingen
Band 13: Die Weimarer Republik	
Band 14: Nationalsozialismus	Prof. Dr. *Gerhard E. Sollbach*, Universität Dortmund
Band 15: Bundesrepublik und DDR bis 1990	
	Dr. *Anja Wieber*, Gymnasium Dortmund
Reihe B	
Band 1: Geschichte des Islams bis zur Türkischen Revolution*	Prof. Dr. *Günter Wied* Universität Dortmund
Band 2: Die Vereinigten Staaten von Amerika	Prof. Dr. *Alfons Zettler* Universität Dortmund
Band 3: Russland/Sowjetunion	
Band 4: Der Nahe Osten	
Band 5: »Dritte Welt«	* Bereits erschienen
Band 6: Geschichte der Frau	
Band 7: Umweltgeschichte	
Band 8: Europa	

Der Verlag möchte an dieser Stelle für die freundliche Genehmigung zum Nachdruck von Copyright-Material danken. Trotz wiederholter Bemühungen ist es nicht in allen Fällen gelungen, Kontakte mit Copyright-Inhabern herzustellen. Für diesbezügliche Hinweise wäre der Verlag dankbar.

Best.-Nr. 8319
Alle Rechte Aulis Verlag Deubner & Co KG, Köln 2001
Umschlaggestaltung: Atelier Warminski, Büdingen
Umschlagbild: Martin van Meytens: Maria Theresia im Spitzenkleid; Kunsthistorisches Museum, Wien
Satz: Verlag
Druck und Verarbeitung: Hans Kock Buch- und Offsetdruck GmbH, Bielefeld
ISBN 3-7614-2288-1

Das vorliegende Werk wurde sorgfältig erarbeitet. Dennoch übernehmen Autoren, Herausgeber und Verlag für die Richtigkeit von Angaben, Hinweisen und Ratschlägen sowie für eventuelle Druckfehler keine Haftung.

Inhalt

Vorwort (Einführung in die Reihe) 4

A. Einleitung 5
Didaktische Begründung 5
Planungsfeld 6

B. Basiswissen 7
Das Zeitalter der Wissenschaften 7
Die Frühform des Absolutismus in Spanien 7
Der Absolutismus erobert Frankreich 8
England: Absolutismus contra Parlamentarismus 10
Die Herrschaft der Habsburger 11
Ein absolutistisches Königreich entsteht: Preußen 13
Absolutismus in den deutschen Kleinstaaten 14

C. Chronik 16

D. Glossar 18

E. Unterrichtshilfen 19
1. Die Anfänge des Absolutismus in Spanien 19
2. Frankreich unter Ludwig XIV. 21
3. Das Zeitalter der Aufklärung 25
4. Absolutismus in England 30
5. Die Herrschaft der Habsburger 32
6. Aus Brandenburg wird Preußen 34
7. Barock – Kunststil des Absolutismus 37

F. Materialien 41

G. Quellenverzeichnis 92

Vorwort

Zur Reihe

»Unterricht Geschichte« soll helfen, einen lebendigen, schülerorientierten Unterricht zu gestalten.
Die Reihe erleichtert dem Lehrer die Vorbereitung, indem sie
- im Abschnitt »Basiswissen« die wichtigsten Fakten vermittelt,
- didaktische Hinweise und methodische Hilfen bietet und
- Materialien für den Unterricht bereitstellt.

Der Aufbau der Reihe orientiert sich an den in den Bundesländern erschienenen Richtlinien, die trotz aller Unterschiede im einzelnen in zwei didaktischen Entscheidungen übereinstimmen: Grundlage für den Aufbau des Geschichtsunterrichts in der Sekundarstufe I ist die Chronologie, der »Durchgang durch die Geschichte«. Daneben stehen aber auch – je weiter der Geschichtsunterricht fortschreitet, desto mehr – thematische Kapitel.

Dieser Zweiteilung trägt »Unterricht Geschichte« Rechnung: Die Reihe macht die Geschichte »von ihren Anfängen bis zur Gegenwart« zum Inhalt von 15 Bänden, und sie greift wichtige historische Themen in voraussichtlich 8 Bänden auf.

A Einleitung

Als Zeitalter des Absolutismus wird in der deutschen Geschichtsschreibung im allgemeinen der Zeitraum zwischen Westfälischem Frieden und Französischer Revolution bezeichnet. Dabei steht als prägendes dynamisches Element der Epoche die absolute Herrschergewalt von Fürsten im Mittelpunkt. Allerdings sind Ansätze zur Ausübung solcher politischen Gewalt bereits vor der Mitte des 17. Jahrhunderts auszumachen. Zustande kam die landesfürstliche „absolute" Machtkonzentration, indem der bestehende Dualismus von Landständen und Landesherrn zugunsten des Fürsten aufgehoben oder in den Hintergrund geschoben wurde. Die einstige Mitsprache der Stände erfuhr also starke Einschränkungen. Das gelang nicht in allen europäischen Territorien in gleicher oder ähnlicher Weise. So war die Königsmacht in England nur zeitweise absolut und musste sich letztlich der ständischen Macht des Parlaments beugen. In den Generalstaaten (Niederlande) kam es sogar zu einer radikalen Abwendung vom Absolutismus. Über die Herrschaft eines Statthalters hielt hier die Monarchie zwar später wieder ihren Einzug, erlangte aber nie mehr die alte Machtvollkommenheit.

Warum es nach dem Dreißigjährigen Krieg zur Ausbildung der Herrschaftsform des Absolutismus kam, kann bislang nicht ausreichend wissenschaftlich begründet werden. Fürstliche Autoritätsverluste im frühen 17. Jahrhundert und der Krieg scheinen jedoch ein Wiedererstarken und den Machtausbau der Fürsten besonders begünstigt zu haben. Ein Mittel dazu war eine ständige Reformpolitik, die viele Bereiche des Staates umfasste: Verwaltung, Militärwesen, Wirtschaft und Kultur.

In der Beurteilung des Absolutismus ist die wissenschaftliche Diskussion bis heute nicht zu einem abschließenden Ende gekommen. Gegen Ende des 18. Jahrhunderts taucht in Frankreich der Terminus „absolutisme" auf, der das durch die Französische Revolution überwundene „Ancien Régime" kennzeichnet. Im ersten Drittel des 19. Jahrhunderts benutzten deutsche Liberale den Absolutismus-Begriff, um ihn mit despotischer Herrschaft gleichzusetzen. Erst in der Diskussion um die Entstehung eines deutschen Nationalstaates wurden seine positiven Aspekte hervorgehoben, seine Strukturen erkannt, die zur Herausbildung eines modernen Staatswesens geführt hatten.

Zugleich stellte sich auch die Differenziertheit und der Facettenreichtum des absolutistischen Regiments heraus, das ständigen Wandlungen, neuen Entfaltungen und Entwicklungen unterlag.

„Keine Epoche der neuzeitlichen Geschichte entbehrt so sehr des einheitlichen Charakters und ist deshalb im Zusammenhang ‚deutscher Geschichte' so schwer darstellbar wie das Jahrhundert zwischen dem Ende des Dreißigjährigen und des Siebenjährigen Krieges (*Vierhaus*)."

Die rund 150 Jahre des absolutistischen Zeitalters sind allerdings nur der Kulminationskern einer politisch-sozialen Ordnung mit Ursprüngen bereits im 16. Jahrhundert und einer Fortentwicklung über die Jahre der Französischen Revolution hinaus. Aber auch die Hauptphase der absolutistischen Herrschaft vollzog sich zwischen etwa 1650 und 1800 nicht einheitlich, sondern ist von Ungleichzeitigkeiten in der Entwicklung geprägt und verlief durchaus dynamisch.

Der Zeitabschnitt der absolutistischen Herrschaft zeigt sich uns heute als Umbruchphase, als Gelenkstelle zwischen mittelalterlicher Lebensordnung, die noch weiter lebte und wirkte, und modernen Entwicklungen, die bereits in die Zukunft zeigten.

Die in diese Epoche fallende Aufklärung beeinflusste den Umbruchprozess, indem sie ein naturrechtliches Fundament beisteuerte und das bisher von der Religion bestimmte und erklärte Leben durch Methoden der Wissenschaften überprüfbar machte.

Das absolutistische System war dadurch, zumindest in seiner Endphase, der Gefahr einer gesellschaftlichen Explosion ausgesetzt. Letztlich gelang es nicht, das Feudalsystem zu konservieren, weil das aufstrebende Bürgertum nicht als Teil des ständischen Systems gemäß seiner gewachsenen Bedeutung eingebunden wurde. Die Ansätze einer modernen Klassenbildung ließen sich daher in der Folgezeit nicht aufhalten.

Die historische Entwicklung führte schließlich zu einem Verlangen nach Emanzipation der politisch nicht berücksichtigten Stände und gipfelte in der Kritik vor allem an
– fürstlicher Willkür
– höfischem Leben
– sozialer Ungerechtigkeit

In der Revolution von 1789 brach sich diese Kritik eine Bahn.

Didaktische Begründung

Die Geschichte des Absolutismus führt in die Anfänge des modernen Staatswesens zurück, in eine Zeit, in der die Grundlagen für Beamtentum, Schulwesen, Finanz-, Wirtschafts- und Steuerpolitik gelegt wurden.

Das absolutistische Zeitalter wird daher vom Auftreten unterschiedlicher Phänomene geprägt, die jeweils eine eigene Entwicklung erfahren, so dass sie unterrichtlich in Form von Längsschnitten dargestellt werden können. Von Interesse sind dabei auch die folgenden Fragen:

– Wie vermochte sich die neue gegenüber der bis dahin vorhandenen ständisch geprägten Form staatlichen Regiments durchzusetzen?
– Warum konnte sie sich in den meisten europäischen Staaten behaupten, in anderen aber nicht zum Durchbruch gelangen?

A Einleitung

Längsschnitte lassen sich an wichtigen Einzelaspekten entwickeln und können dem Materialteil wie einem Baukasten entnommen oder auch neu zusammengestellt werden. Diese Arbeit bleibt den Unterrichtenden überlassen. Dennoch möchte der Verfasser Anregungen für mögliche Längsschnittthemen geben:
- Entwicklung des Absolutismus
- Herrscherpersönlichkeiten
- Entwicklung von Staats- und Verwaltungswesen
- Gesellschaftliche Veränderungen
- Handels- und Wirtschaftsformen
- Militärwesen
- Schulwesen
- Entwicklung des Städtewesens im Absolutismus
- Barockkultur.

Im übrigen steht jedoch der Weg des Absolutismus im Vordergrund, um dessen Verbreitung, historische Grundlagen und Gemeinsamkeiten in vielen europäischen Staaten aufzuzeigen.

Daher wurde am Beispiel einiger ausgesuchter Territorien diesem Gedanken Rechnung getragen, wobei jeweils auf eine chronologische Abfolge geachtet wurde.

Soweit möglich, sollte im Unterricht auf eine Verknüpfung mit der Lokal- und Regionalgeschichte geachtet werden, was natürlich im Materialangebot nur anklingen kann. Auch das Einbeziehen haptischer Arbeitsformen sollte im „verkopften" Geschichtsunterricht als Motivationsfaktor mehr Eingang finden. Als eine Möglichkeit bietet daher der Abschnitt „Materialien" zwei Bastelbogen an.

Bewusst wurde, obgleich schon in den Kontext des Absolutismus gehörend, der Dreißigjährige Krieg nicht berücksichtigt. Dieser gehört thematisch passender zu einer Materialeinheit „Zeitalter der Glaubenskämpfe".

Planungsfeld

Die Planung umfasst sieben Unterrichtsabschnitte. Einer Einführung in die europäische Dimension und die Anfänge des Absolutismus in Spanien (1) folgen Beispiele aus den verschiedenen europäischen Staaten des 17. bis 18. Jahrhunderts. Unterbrochen wird die exemplarische Reihe allerdings anfangs durch einen geistesgeschichtlichen Exkurs zur „Aufklärung" (3). Dadurch werden gleichsam die theoretischen Grundlagen des Absolutismus beschrieben. Der letzte Abschnitt greift als Sammelkapitel verschiedene Aspekte auf, die durchaus auch in vorangegangenen Teilen bereits angeklungen sind, aber wegen ihrer Bedeutung noch etwas intensiviert werden.

1. Die Anfänge des Absolutismus in Spanien:
Absolutismus in Europa – Die Festigung der Königsmacht in Spanien – Sezession der Niederlande.

2. Frankreich unter Ludwig XIV.:
Das Herrschaftssystem Ludwigs XIV. – Leben am Hof – Kriege und Krisen.

3. Das Zeitalter der Aufklärung:
Beginn modernen Denkens – Fürst und Untertanen – Wirtschaft.

4. Absolutismus in England:
Absolutismus in England, ein Versuch – Errichtung einer parlamentarischen Demokratie.

5. Die Herrschaft der Habsburger:
Die Herrschaft der Habsburger – Reformen in den habsburgischen Ländern.

6. Aus Brandenburg wird Preußen:
Aufbau und Entwicklung Preußens – Preußen, ein Militärstaat?

7. Barock – Kunststil des Absolutismus:
Der Barockstil – Mode in der Barockzeit – Musik der Barockzeit.

B Basiswissen

Das Zeitalter der Wissenschaften

Nach der konfessionellen Spaltung im 16. Jahrhundert war die Religion nicht mehr das einigende Element in einem weiterhin christlichen Europa. In der Barockzeit entwickelte sich eine neue Weltsicht. Kritisches Denken, die Suche nach der Wahrheit mit Hilfe von Beweisen und Experimenten setzte in den Geistes- und Naturwissenschaften ein.

Diese neue Auffassung von der Welt und ihren Erscheinungen, die Aufklärung, setzte sich im 17. und 18. Jahrhundert durch. Bereits während der Renaissance entwickelte sich im Humanismus (14.–16. Jahrhundert) eine wissenschaftliche Betrachtungsweise vor allem auf dem Gebiet der antiken Literatur, begleitet durch eine partielle Loslösung von der Kirche. Der Übergang von der mittelalterlichen Philosophie zu den modernen Wissenschaften wurde die Grundlage vor allem der Naturwissenschaften. Beobachtungen und wissenschaftlicher Beweis traten an die Stelle des Glaubens.

Im Mittelpunkt stand die Erforschung der Welt und ihrer Phänomene. Die gesammelten Beobachtungen führten zu einer Formulierung allgemeiner Gesetze und Regeln, nach denen sich eine Sache verhielt.

Das verfügbare Wissen der Zeit wurde geordnet und in Form eines Universallexikons verbreitet. Diese sogenannte „Encyclopaedie" wurde von 1751–1780 von den Franzosen Diderot und d'Alembert zusammengestellt und herausgegeben.

Der Weg wurde den neuen Erkenntnissen durch wichtige Erfindungen, die Entwicklung von Instrumenten und bedeutsame Entdeckungen bereitet. Dazu gehören: Fernrohr, Barometer, Thermometer, Mikroskop, Planetensystem, Schwerkraft, Luftdruck oder der Aufbau pflanzlicher Zellen. Diese Entwicklungen wurden durch die Fürsten besonders gefördert, indem sie Wissenschafts-Akademien und Forschungszentren einrichteten und bedeutende Wissenschaftler dorthin zogen. Viele europäische Städte entwickelten sich auf diese Weise zu Kondensationskernen wissenschaftlicher Forschungstätigkeit: Paris, London, Berlin, Hannover, Wien u. a. Die Welt wurde so von vielen Geheimnissen entzaubert und gleichsam „aufgeklärt".

Außerdem führten neue technische und technologische Erfindungen zur Entwicklung neuer Arbeitsfelder und Revolutionierung von Arbeits- und Produktionsverfahren. Die Freisetzung von Kapital und Arbeitskräften aus der Landwirtschaft beschleunigte diese Entwicklung vor allem in England, aber auch auf dem europäischen Kontinent, so dass im 18. Jahrhundert die Grundlagen für die spätere Industrialisierung gelegt wurden.

Auch vor den Lehren der Kirche machten die Wissenschaftler nicht halt. Philosophen wie der Franzose Descartes stellten das Denken in den Mittelpunkt der Welt. Dessen Gesetze sollten sich dabei nach den Grundsätzen der Vernunft richten (Rationalismus). Kirchliche Dogmen wurden nun hinterfragt. Das Ziel der Menschen sollte nicht mehr das Leben nach dem Tode sein, sondern bereits auf Erden das höchste Glück zu erlangen.

Ebenso mussten sich Staat und Herrscher eine kritische Überprüfung gefallen lassen. Die Frage nach der absoluten Stellung des Fürsten und seiner Legitimation durch Gott wurde ebenso gestellt wie die Anerkennung allgemeingültiger Rechte der Menschen gefordert. Die Ursprünge staatlicher Gemeinschaft und Regeln für das Zusammenleben der Menschen wurden diskutiert und formuliert. Der aus Genf stammende Philosoph J.J. Rousseau entwickelte die These, jeder Mensch habe politische Macht. Durch den freiwilligen Zusammenschluss der einzelnen Menschen sei der Staat entstanden. Da nicht jeder einzelne auch die Gewalt im Staat ausüben könne, seien einige mit der Wahrnehmung dieser Gewalt beauftragt worden (Gesellschaftsvertrag). Daher sei ein Herrscher von seinem Volk auch jederzeit wieder absetzbar.

Um die Machtausübung auch kontrollierbar zu machen, sollte es nach dem Staatsphilosophen Montesquieu verschiedene Gewalten geben (Gewaltenteilung), die sich gegenseitig überwachten.

Viele der kritischen Schriften wurden von den Fürsten verboten, weil sie öffentlichen Aufruhr fürchteten. Im 18. Jahrhundert ließen sich aber auch einige von den Ideen der Aufklärung inspirieren und diese in ihre Staatsführung einfließen. Der Herrscher als Diener trat an die Stelle des väterlichen Monarchen, die Toleranz wurde zur Maxime erhoben. Da zu dieser Zeit etwa zwei Drittel der Bevölkerung Analphabeten waren, fanden wichtige wissenschaftliche Erkenntnisse zum Schaden der Staaten keine Verbreitung. Die Einführung der allgemeinen Schulpflicht gehörte daher zum Kanon der Maßnahmen aufgeklärter Fürsten wie Friedrich II. von Preußen oder Maria Theresia von Habsburg. Die Absicht war, eine grundlegende Volksbildung in den Bereichen Lesen, Schreiben, Rechnen und Religion zu vermitteln. Das Ziel war der treue Untertan. Die Schulpflicht ließ sich allerdings erst nach Jahrzehnten wirklich durchsetzen.

Die Ideen und Erkenntnisse der Aufklärung bilden in vielfältiger Weise den theoretischen Unterbau der absolutistischen Zeit als wichtiger Übergangsepoche.

Die Frühform des Absolutismus in Spanien

Als Philipp II. 1556 die Nachfolge Karls V. auf dem spanischen Thron antrat, war Spanien die Hauptmacht in Mittel- und Westeuropa. Er herrschte über ein ausgedehntes Reich, zu dem die Lombardei, Luxemburg, Burgund, Holland und Belgien mit Westflandern, Arras und dem Hennegau gehörten, ebenso Unteritalien (Neapel), Sardinien und Sizilien.

B Basiswissen

Außerhalb Europas kamen die Philippinen und der amerikanische Doppelkontinent – mit Ausnahme Brasiliens – hinzu. Während in Übersee und Italien Vizekönige eingesetzt waren, existierten in den Niederlanden und Aragon die Stände (Adel und Städte), die sich auf das System der Selbstregierung und verbriefte Rechte beriefen. Königliche Anordnungen riefen hier stets offenen Widerspruch hervor.

In diesen Reichsteilen versuchte Philipp seine Kompetenzen jedoch in ähnlicher Weise auszuweiten, wie es ihm in Kastilien gelungen war. Dort hielt er nämlich die einflussreichen Adligen durch Militär- und Marinedienst, Verwaltungs- und Diplomatentätigkeiten im Ausland von der Machtzentrale fern. Der Hochadel wurde vollständig von Regierungsaufgaben, die ein Staatsrat (Consejo de Estado) übernahm, ausgeschlossen.

Die Räte bereiteten königliche Entscheidungen vor, hatten aber ansonsten nur beratende Funktionen. Sie verkehrten nur schriftlich mit dem Monarchen, der alle Entscheidungen persönlich traf. Da Philipp sich auch um untergeordnete Angelegenheiten kümmerte, liefen die Regierungsgeschäfte nur schleppend. Innen- und Außenpolitik trugen in der zweiten Hälfte des 16. Jahrhunderts die Handschrift des Königs, der zwar nach den Grundsätzen von Staatsinteresse und Absolutismus herrschte, aber nach der Maxime eines Dienenden die Alleinherrschaft nur als Instrument eines guten Herrschers ansah.

1561 ließ er Madrid zur Haupt- und Residenzstadt erklären und übersiedelte 1586 mit dem Hof in den Escorial, eine Palastanlage mit bisher nicht gekannten Repräsentationsfunktionen. Der Gebäudekomplex war Schloss, Kirche, Kloster, Bildergalerie, wissenschaftliches Institut und Grablege zugleich; er sollte auf diese Weise die Verbindung von Königtum und Gottesgnadentum, Erhabenheit, Einzigartigkeit und Macht symbolisieren. Unterstrichen wurde die beschriebene Stellung des Palastes noch durch eine besondere Form der Hofhaltung. Am spanischen Hof war bereits 1548 das Zeremoniell des Burgunder-Hofes eingeführt worden, das Strenge und exakte Rituale beinhaltete, wozu auch eine genaue Tagesplanung für den Herrscher, alle Angehörigen und Bediensteten gehörte.

Im Bereich der Innenpolitik stützte sich der spanische König auf die Machtinstrumente stehendes Heer und Verwaltung. Allein, in den Provinzen Aragonien und den Niederlanden traten innenpolitische Probleme dadurch auf, dass der König die dort bestehenden Selbstverwaltungs- und Gesetzgebungsorgane missachtete. Dabei bediente er sich zur Durchsetzung seiner Macht u.a. des Instrumentes der Inquisitionsbehörde, einer staatskirchlichen Behörde, die Glaubensschutz und innere Sicherheit des Staates gerichtlich und polizeilich organisierte.

Im Mutterland entwickelte sich aus den Spannungen mit der ethnischen Minderheit der Moriskos, jener nach der Reconquista in Spanien verbliebenen Mauren, ein Bürgerkrieg (1568–1570), der mit einer Zwangsumsiedlung 1570/71 endete. Damit war ein starker wirtschaftlicher Niedergang des Landes verbunden. Unter Philipp III. wurden die Morisken schließlich ganz aus Spanien vertrieben (1609–1614).

Landwirtschaft und Gewerbeproduktion Spaniens mussten noch weitere negative Erscheinungen verkraften. So führte die einseitige Umstellung der Landwirtschaft auf Schafzucht dazu, dass Getreide teuer eingeführt werden musste; auch die handwerkliche Produktion ging in dem Maße zurück, wie Auslandsimporte wegen der regelmäßigen Silbereinfuhren aus den Kolonien zunahmen.

Auch verschiedene kriegerische Ereignisse und Auseinandersetzungen mit England, Frankreich und den Türken im östlichen Mittelmeer führten nach einer relativen Hochblüte zur wirtschaftlichen und finanziellen Zerrüttung des Landes. Daran änderte auch die zwischen 1580 und 1640 bestehende Union mit Portugal nichts, die aufgrund von Erbansprüchen aus der Ehe Philipps mit Maria von Portugal zustande kam.

Das absolutistische Spanien musste sich seit dem Regierungsantritt Philipps II. mit einer Opposition in den Niederlanden herumplagen. Der Widerstand entzündete sich daran, dass die Niederlande von nun an aus dem Mutterland Spanien verwaltet, Kirchen- und Verwaltungsstrukturen verändert wurden. Hinzu kamen die Stationierung spanischer Truppen, eine Besteuerung und die Missachtung alter Privilegien.

Der Widerstand konzentrierte und organisierte sich um Wilhelm von Oranien, die Grafen Egmond und Horn und wurde von niederländischem Adel und Städten getragen, zunehmend auch von der calvinistischen Glaubensbewegung beeinflusst, die erste Bilderstürme in den Kirchen durchführte (1566).

Daraufhin tauschte Philipp Margarete von Parma als Statthalterin der Niederlande gegen den rigorosen Herzog Alba aus, der Oppositionelle hinrichten ließ (Egmond und Horn, Oranien konnte fliehen). Die „Geusen", Bettler, genannte Widerstandsgruppe eroberte die Provinzen Holland und Seeland; 1576 schlossen sich zudem die niederländischen Provinzen in Gent zusammen, um die spanischen Truppen zu vertreiben.

Der spanische Statthalter, der Herzog von Parma, sicherte den Südprovinzen 1578 die Wiederherstellung der alten Rechte zu. Diese schlossen sich daraufhin zur Union von Arras zusammen und verblieben bei Spanien. Die Opposition war dadurch gespalten. Die Nordprovinzen vereinigten sich nun als Folge davon 1579 zur Union von Utrecht, erklärten 1581 ihre Unabhängigkeit und Loslösung von Spanien.

Trotz der Ermordung ihres Führers Wilhelm von Oranien und weiterer kriegerischer Bedrohungen des neuen Staates durch die frühere Herrschaft konnte sich diese Union als selbständiger Staat behaupten, vor allem deshalb, weil Spaniens Kräfte durch andere Kriege gebunden waren.

Der Absolutismus erobert Frankreich

Seit der Ermordung Heinrichs IV. im Jahre 1610 hatte es keinen selbst regierenden König mehr gegeben. Für den fügsamen Ludwig XIII. hatte seit 1624 Richelieu regiert, für den minderjährigen Ludwig XIV. seit 1643 Mazarin. Beide hatten aufgrund ihrer Herkunft wenig Chancen, das mächtige Land zu leiten. Sie konnten dies nur im Namen und Auftrag ihrer Monarchen tun. Diese waren es, die dem Absolutismus den Weg bereiteten. Richelieu machte aus Frankreich einen zentralisierten Einheitsstaat. Die Generalstände, Vorläufer der französischen Nationalversammlung, wurden nicht mehr einberufen.

Die Vertreter der Generalstände, Adel, Geistlichkeit und Bürgertum, hatten in Abstimmungen geschlossen je eine Stimme, so dass Geistlichkeit und Adel das zahlenmäßig viel stärkere Bürgertum jederzeit überstimmen konnten. Da die Generalstände bei der Steuergesetzgebung ein Mitspracherecht besaßen, wirkte sich das Übergewicht der beiden ersten Stände in Form von Steuerprivilegien zum Nachteil des 3. Standes aus.

Einen Aufstand von Adel und Pariser Parlament (Fronde) konnte Mazarin niederschlagen, so dass er 1653 wieder unumschränkt herrschen konnte. Privilegien und lokale Besonderheiten wurden abgeschafft.

Nach dem Tode Mazarins (1661) übernahm Ludwig XIV. überraschend selbst die Regierung. Er konzentrierte alle Macht auf sich, setzte neue Beamte und willfährige Minister ein. Als Symbol wählte er die Sonne. Er gab Regierung und Verwaltung innerhalb weniger Jahre feste Strukturen, in deren Mittelpunkt er selbst stand, d.h. alle wichtigen Vorgänge mussten vom König bearbeitet und genehmigt werden. Minister und Ratsgremien waren nur im Zusammenhang mit dem Herrscher von Bedeutung, besaßen im Prinzip auch nur die Funktionen des Zuarbeitens und Beratens.

Der französische Hof hatte keinen festen Standort, sondern zog vom Louvre nach Saint-Germain, Vincennes und Fontainebleau. Seit 1664 fanden häufiger Feste in Versailles statt, einem bescheidenen Landsitz, den Ludwig XIV. nach und nach ausbauen ließ. 1671 wurde auch mit dem Bau einer Stadt in der Umgebung des Schlosses begonnen; 1682 verlegte Ludwig schließlich den Regierungssitz von Paris in das Schloss von Versailles, dessen Bau 1689 fertiggestellt war. In den Hauptbauzeiten arbeiteten mehr als 20.000 Menschen auf der Baustelle.

Der Hof mit dem Hofstaat war die Schöpfung des französischen Königs und wurde zum Maßstab aller europäischen Höfe. Zehntausend Menschen bewohnten den Komplex, zehntausend Soldaten waren zu seiner Sicherung abgestellt. Hoher und niederer Adel waren zu Hofdiensten (Lever, Coucher, Mahlzeiten usw.) verpflichtet.

Die Einbindung des Adels in das Militärwesen war für Ludwig XIV. Voraussetzung für seine Macht. Alle Offiziersstellen waren dem Adel vorbehalten und waren erblich oder käuflich. Militärischer Gehorsam wurde von den Kriegsministern Le Tellier und dessen Nachfolger Louvois durchgesetzt und überwacht. Das Heer wurde – im Gegensatz zum Söldnerheer – eine feste Institution (stehendes Heer), die ständig einsatzfähig war. Die Soldaten wurden einheitlich uniformiert, in Kasernen oder festen Quartieren untergebracht und militärisch ausgebildet. Dazu gehörten das Üben von Marschordnung, Angriff, Verteidigung und die Ausbildung an neuen Waffen. Auf dem Höhepunkt seiner Macht verfügte der französische König über die stärkste Armee Europas mit 400.000 Mann.

Einen weiteren Pfeiler der königlichen Herrschaft bildeten die geordneten Staatsfinanzen, die der Finanzminis-ter Colbert durch die Wirtschaftsform des Merkantilismus zu erreichen versuchte, bis zu seinem Tod 1683 ein ständiger Seiltanz gegenüber der Ausgabenwut des Königs. Colbert machte Frankreich zu einem einheitlichen Wirtschaftsraum, beseitigte alle Binnenzölle, ließ Straßen, Kanäle und Seehäfen anlegen. Die Auswanderung von Arbeitskräften wurde unter Strafe gestellt. Dafür wurden für den Ausbau spezieller Produktionen Fachkräfte aus dem Ausland angeworben wie Glasarbeiter aus Venedig, Feinschmiede aus Nürnberg oder Weber aus England.

Die französische Wirtschaft wurde durch den Staat geplant und gelenkt, wozu Preisfestsetzungen ebenso gehörten wie die Subventionierung wichtiger Industriezweige, Förderung von Exporten und Besteuerung von Importen. Hauptziel war es, Frankreich wirtschaftlich autark zu machen, wozu auch der systematische Ausbau eines französischen Kolonialreiches gehörte.

Colbert gründete nach holländischem und englischem Vorbild eine Ostindische und eine Westindische Kompanie. Unter seiner Regie kamen Kanada und das Mississippigebiet unter dem Namen Louisiana (Ludwigsland), Neufundland und Neuschottland an die Krone Frankreichs. Er setzte sich auch für eine Ausweitung des Fabrikationswesens ein. Dazu ließ er vor allem in den Bereichen Textil- und Waffenproduktion Manufakturen einrichten, die bisher im Ausland erzeugte Waren in Frankreich herstellten. Dazu gehörten auch Betriebe zur Herstellung hochwertiger Güter: Teppiche, Spiegel, Möbel, Uniformen, Kutschen usw. Staatliche Kontrollmechanismen und Normen dienten der Qualitätsüberwachung.

Das Manufakturwesen veränderte die bisher im Handwerk vorzufindenden Arbeitsprozesse, indem die Arbeitsteilung eingeführt wurde. Auch wurden in größerem Umfang bereits einfache Maschinen zur Produktionsvereinfachung und -optimierung eingesetzt

Nach dem Tod Colberts kehrten die alten Missbräuche wieder ein: Ausgabe ungedeckter öffentlicher Anleihen, Ämterverkauf, Erhebung sinnloser Steuern. Den größten Schlag erhielt die französische Wirtschaft dadurch, dass Ludwig XIV. das Konfessionsproblem zu lösen versuchte, indem er 1685 das Edikt von Nantes aufhob. Die Folge dieses Entschlusses war für Frankreich verheerend. Die einsetzende mörderische Verfolgung traf vor allem die Hugenotten (etwa 2 Millionen Gläubige / ca. 10 % der Bevölkerung). Zu ihnen gehörten Adlige, Wissenschaftler und Manufakturbesitzer. Ein Viertel der französischen Bevölkerung fiel den Verfolgungen zum Opfer oder wanderte ins Ausland ab. Diese Emigranten bauten in seit dem 30jährigen Krieg teilweise entvölkerten Regionen Deutschlands neue Industrien auf.

B Basiswissen

Bis zu seinem Tod verstrickte sich Ludwig XIV. nach 1683 in unentwegte Kriege mit den europäischen Nachbarn. Das Ziel war, Frankreich zum mächtigsten Staat in Europa zu machen. Als Kriegsvorwand mussten häufig Rechts- und Erbstreitigkeiten herhalten, so beim Angriff auf die Spanischen Niederlande, das Elsass und die Pfalz. Der Krieg gegen Holland sollte einen Wirtschaftskonkurrenten ausschalten. 1692 gelang es den Engländern und Holländern in der Seeschlacht von La Hague, die französische Flotte und damit die französische Seegeltung zu vernichten. Dadurch wurde auch der Niedergang des französischen Kolonialreiches eingeleitet. Der seit 1702 geführte Spanische Erbfolgekrieg – Ludwigs Enkel Philipp sollte die spanische Krone gesichert werden – brachte zahllose Niederlagen. Rigorose Truppenwerbungen zogen verstärkt Arbeitskräfte aus der Wirtschaft ab.

Die Franzosen empfanden schließlich die Friedensverträge von Utrecht (1713) und Rastatt (1714) als Erleichterung, letztlich auch den Tod Ludwigs 1715.

Der König hinterließ bei seinem Tod eine Schuldenlast von ca. 2 Milliarden Livres, sie waren das Ergebnis einer horrenden Ausgabenpolitik des Staates für militärische Zwecke und die ausfernde Hofhaltung. Kennzeichen der Regierungszeit Ludwigs XIV. ist daher eine ständig steigende Steuerbelastung, die vor allem die „kleinen Leute" traf. Nutznießer waren hingegen Großhändler, Reeder und hohe Beamte.

England: Absolutismus contra Parlamentarismus

Das Ständewesen hatte in England seit dem 14. Jahrhundert an Bedeutung gegenüber dem König gewonnen und seine Position in einem aus zwei Kammern bestehenden Parlament (Ober- und Unterhaus) manifestiert. In der Regierungszeit des Hauses Tudor (1484–1603) entwickelte sich das Unterhaus (House of Commons), in dem der „Mittelstand", Reeder, Fernhändler, Bankiers, Landadel, vertreten war, zum eigentlichen Entscheidungsorgan. Die selbstbewussten Parlamentsmitglieder scheuten sich nicht, das Königtum in seine Schranken zu verweisen.

Bereits unter Elisabeth I. (1558–1603) zeigte sich eine Diskrepanz in den Auffassungen der jeweilig bestehenden Rechte von Herrscherin und Parlament. Als Jakob I. 1603 den englischen Thron bestieg, berief er daher als Anhänger des absoluten Regierungsstils das Parlament so wenig wie möglich ein. So standen dem Wunsch der Stände nach Ausweitung ihrer Zuständigkeiten, die sich zu diesem Zeitpunkt bereits bis in die Aussenpolitik auswirkten, die massiven Abwehrmanöver des Königs gegenüber. Verschärft wurde der politische Konflikt des Königs mit den Ständen durch den Glaubensantagonismus. Das Königshaus war Anhänger der Anglikanischen Staatskirche, die meisten Mitglieder des Unterhauses hingen jedoch dem Calvinismus (Puritaner) an.
Jakobs Nachfolger Karl I. (1625–1649) übernahm die Regierung mit denselben Ansprüchen wie die Herrscher auf dem Festland, nämlich, das Parlament im Sinne des Monarchen zu lenken und seine Befugnisse einzuschränken. Das Amt des Herrschers war für Karl göttlichen Ursprungs.

Seine Außenpolitik war wechselhaft und erfolglos, kostete aber aufgrund kriegerischer Einmischung Reputation und Geld. Ein Schwachpunkt in der Machtbefugnis des englischen Königs bestand nämlich darin, dass ihm kein stehendes Heer, wie in den meisten Staaten des Kontinents, zur Verfügung stand. Er musste sich daher im Kriegsfall der Unterstützung des Hochadels oder der Geldbewilligung des Parlaments versichern. Karl war deshalb mehrfach gezwungen, das Parlament zur Finanzbewilligung einzuberufen. Die Ständekammer nutzte dann ihr Zustimmungsrecht massiv aus, redete noch stärker in die Innen- und Aussenpolitik hinein, ebenso in kirchliche Entscheidungen.

Der englische König verfügte durchaus über respektable Vorrechte. So unterstanden ihm die Staatskirche, die Exekutive mit dem Staatsrat (Privy Council) als Regierungsorgan und der oberste Gerichtshof, die Sternkammer. Ausserdem konnte er über Einnahmen aus Schiffszöllen und Monopolvergaben verfügen, die nicht der Zustimmung des Parlaments unterlagen.

Als das Parlament 1628 mit der „Petition of Rights" und im folgenden Jahr durch weitere Beschlüsse die königlichen Vorrechte zu beschneiden versuchte, regierte Karl I. bis 1640, ohne das Parlament einzuberufen, und setzte auf absolutistische Maßnahmen. Er besetzte Staatsapparat und Gerichte mit ergebenen Männern und stärkte ebenso die Macht der anglikanischen Staatskirche.

Karl versuchte die Staatskirche auch in Schottland einzuführen, scheiterte aber am Widerstand der Schotten, der in offene Rebellion mit einem Einmarsch in England umschlug. Um Kriegskosten bewilligt zu bekommen, war der König 1640 gezwungen, das Parlament doch wieder einzuberufen. Die Stände beendeten nun den Absolutismus in England rigoros, indem sie alle königlichen Rechte und Institutionen aufhoben, vor allem das Königsrecht der Parlamentsauflösung, und wichtige Minister zum Tode verurteilten.

Als ein Aufstand in Irland ausbrach und England zur Niederschlagung ein Heer entsenden musste, spaltete sich das Parlament wegen der Erteilung des militärischen Oberbefehls an den König. Der daraus entstehende Bürgerkrieg, im Kern ein Glaubenskrieg der Anhänger der Staatskirche gegen die Calvinisten, dauerte vier Jahre und endete 1646 mit dem Sieg der Antimonarchisten, ließ aber die Monarchie weiter bestehen.

Ein zweiter Bürgerkrieg schloss sich an, als die Heeresführung den Beschluss des Parlaments zur Auflösung des Bürgerkriegsheeres missachtete. Damit war auch gleichzeitig das vorläufige Ende des absolutistischen Königtums in England besiegelt. Unter dem Kommando des puritanischen Reitergenerals Oliver Cromwell (1599–1658) setzte sich das Heer gegen das Parlament durch und verhalf der Glaubensgruppe der Independenten, radikaler Calvinisten, zum Durchbruch (1648).

Cromwell beseitigte die Monarchie in England und setzte auf einen republikanischen Staat ohne Verfassung, in dem er als Lordprotektor auf Lebenszeit die Regierung führte. Karl I. wurde als Hochverräter und Volksfeind zum Tode verurteilt und am 30. Januar 1649 auf offener Straße vor Whitehall enthauptet. Die Hinrichtung eines Königs durch sein Volk war ein bis dahin unerhörter Vorfall und auch mit der Absetzung Philipps II. durch die Niederländer nicht vergleichbar.

Die Regierung des Lordprotektors stützte sich auf das Militär und ließ sich nach seinem Tod 1658 in dieser Form nicht fortsetzen. Die Monarchie wurde ohne revolutionäre Vorgänge und unblutig wieder eingeführt. Ebenso geschwächt wie die Staatskirche trat sie nach zwanzig Jahren wieder in ihre Rechte ein. Einzig das Parlament konnte aus der Protektoratszeit gestärkt hervorgehen.

Wirtschaft und Sozialgefüge überstanden die Zeit nahezu unbeschadet. Allerdings führte der mehrfache System- und Religionswechsel zur Abwanderung größerer Gruppen nach Amerika, wo sie zur Besiedelung der Kolonien beitrugen.

Die nachfolgende Restaurationszeit brachte mit der Rückkehr der Stuarts als Regenten einen Aufschwung von Handwerk und Gewerbe. Die wichtigsten Zweige waren Schiffbau, Bergbau, Metallgewinnung und -verarbeitung und Textilherstellung. Der Überseehandel mit den Kolonien an der amerikanischen Ostküste, der Westküste Afrikas und Indiens machte London zu einem internationalen Handelsplatz.

Kultur und Wissenschaften fanden nach der Cromwell-Ära neue Impulse. Die Gründung der Royal Society förderte nach 1662 die Naturwissenschaften und brachte Persönlichkeiten wie Isaac Newton (Mathematiker/Physiker), Robert Boyle (Chemiker) oder Christopher Wren (Architekt) hervor.

Die Regierungszeit des neuen Königs, Karl II. (1660 – 1685), wurde vom Versuch der Wiederbelebung des Absolutismus auf der einen und der Kontrolle des Königs auf der anderen Seite geprägt. Sein Nachfolger Jakob II. (1685 – 1688) scheiterte schließlich, weil er die katholische Kirche begünstigte, beide Häuser des Parlaments auflöste und eine absolute Regierung ankündigte. Als führende Politiker des Parlaments Kontakt zum niederländischen Generalstatthalter Wilhelm III. von Oranien aufnehmen, um mit ihm über die Annahme der englischen Königswürde zu verhandeln, flüchtete Jakob 1688 nach Frankreich. Wilhelm III. zog daraufhin ohne Blutvergießen in London ein.

Vor der Krönung Wilhelms und seiner Frau Maria in Westminster lagen jedoch langwierige Verhandlungen des Parlaments, das 1689 eine Konvention zustande brachte, die als „Bill of Rights" von Wilhelm und seiner Frau Maria anerkannt wurde. Sie legte fest, dass weder das Religionsbekenntnis noch andere Freiheitsrechte beeinträchtigt werden dürften, die königlichen Befugnisse wurden hingegen zugunsten des Parlaments eingeschränkt, die Teilung der Herrschaftsgewalt manifestiert. England wurde das erste europäische Beispiel dafür, dass eine herrschende Klasse den Souverän wählen und dessen Rechte vorschreiben konnte.

Die Herrschaft der Habsburger

Im 17. Jahrhundert konnten die mächtigsten Fürsten des Reiches, die Habsburger, nach Aussterben einer Nebenlinie ihre Macht konzentrieren. Schon im Laufe der Zeit waren verschiedene Fürstentümer und Königreiche an die Habsburger gefallen. Nun gelangten Tirol und später noch Schlesien an sie. Damit im Gesamtraum der Monarchie ein absolutistisch geprägter Zentralstaat entstehen konnte, waren die Voraussetzungen jedoch zu gegensätzlich. Zu verschiedenartig waren die Teile in ihren Verfassungen und Traditionen, als dass ein Zusammenfügen in diesem Sinne denkbar gewesen wäre.

Weder Ferdinand III. (1637 – 1657) noch Leopold I. (1658 – 1705) konnten die Idee des Zentralstaates umsetzen. Dennoch kam es in den deutschen und böhmischen Landesteilen ansatzweise zur Beschneidung der Rechte der Landstände (Landtage) zugunsten des Monarchen, wurden auch merkantilistische Wege in der Wirtschaft beschritten, indem Siedlungen und Handel gefördert wurden. Ansonsten konnten die aus dem Mittelalter stammenden Verwaltungs- und Verfassungsinstitutionen ihre Selbständigkeit behaupten.

Eine Wende brachten die Angriffe der Türken, die, bereits im Besitz des Balkans, 1663 die noch österreichischen Teile Ungarns besetzten. Nach einem zwanzigjährigen Waffenstillstand schlugen die Türken unter Kara Mustapha erneut los und belagerten im Juli 1683 Wien. Nach zweimonatiger Belagerung konnte eine „europäische Armee" die Stadt befreien und die türkischen Truppen aus Ungarn vertreiben. 1699 herrschten die Habsburger über Ungarn und Siebenbürgen und waren dadurch zu einer europäischen Großmacht aufgestiegen. 1716 griffen sie unter Führung des Prinzen Eugen von Savoyen ihrerseits die türkische Streitmacht an und konnten ihr Reich um das Banat, Nordserbien mit Belgrad und die Walachei im heutigen Rumänien vergrößern. Eine 50 km tiefe Militärgrenze wurde mit Wehrbauern besiedelt und diente dem Schutz vor dem erneuten Vordringen der Türken nach Mitteleuropa.

Eugen von Savoyen wurde der bedeutendste Politiker unter Karl VI. (1711 – 1740). Die wichtigste Entscheidung des Monarchen für das Fortbestehen der Großmacht Österreich wurde 1713 mit der „Pragmatischen Sanktion" gefällt, die die Erbfolge auch für weibliche Nachkommen ermöglichte. Die Habsburger Monarchie kam dadurch, dass Maria Theresia schon früh als Thronfolgerin feststand, nicht in die Gefahr von Nachfolgestreitigkeiten, die zu einer Zerstückelung des Gesamtstaates geführt hätten. Gleichzeitig wurde eine Union sämtlicher habsburgischer Länder verkündet, die zwischen 1720 und 1724 von den Landständen der Einzelterritorien, einschließlich Ungarn und Siebenbürgen, die Zustimmung erhielt.

Dennoch war dadurch immer noch kein absolutistischer Einheitsstaat entstanden. So existierten in Wien z. B. nebeneinander Hofkanzleien für Österreich, Böhmen und Ungarn, Räte für die niederländischen und spanisch-italienischen Landesteile. Außerdem wurden die einzelnen Länder nach ihren eigenen Verfassungen regiert.

Basiswissen

Grundlegende innenpolitische Reformen wurden unter Karl VI. nicht begonnen. Außer der Bildung eines Merkantilkollegs wurden auf wirtschaftlichem Gebiet Fördermaßnahmen für Gewerbe und Industrie ergriffen, die Häfen Triest und Fiume an der Adria ausgebaut und eine Orientalische Kompagnie für den Levantehandel gegründet.

Das frühe 18. Jahrhundert brachte Österreich mit den militärischen Siegen auf dem Balkan eine kulturelle Hochblüte, die sich besonders im Bild der Hauptstadt Wien widerspiegelte. Kirchen und Paläste im Stil des österreichischen Barock entstanden nach Plänen der Architekten Fischer von Erlach, Johann Lukas von Hildebrandt u. a. Wien zog zu dieser Zeit auch Künstler und Handwerker von Rang aus ganz Europa an, ebenso Denker, Wissenschaftler und Literaten. Österreich wurde auf diese Weise Vorbild vor allem für Lebensweise und Stadtbilder im süddeutschen Raum.

Mit dem Tod Karls VI. gelangte der Habsburger Staat nach glanzvollen Jahren jedoch in die Krise, denn nicht alle Staaten erkannten die „Pragmatische Sanktion" an. Gleich nach dem Regierungsantritt Maria Theresias fielen Albert von Bayern in Böhmen und Friedrich II. von Preußen in Schlesien ein. Böhmen konnte zwar wieder für Habsburg zurückgewonnen werden, aber die reiche Provinz Schlesien blieb verloren, in drei Kriegen (1740–42, 1744–45, 1756–63) von Friedrich verteidigt.

Zur Sicherung ihrer Erblande ging Maria Theresia zu Reformen über. Sie versuchte den Zusammenhalt der über ganz Europa verstreuten Territorien zu stärken, musste aber den südlichen Niederlanden, Oberitalien und dem militärisch wichtigen Ungarn die angestammten Institutionen, Einrichtungen und Behörden belassen. Die eigentlichen Erblande Österreich, Kärnten, Krain, Tirol, Böhmen und die vorderösterreichischen Gebiete in Süddeutschland wurden hingegen ihrer Verwaltungsbehörden beraubt und diese ab 1749 binnen weniger Jahre als Zentralverwaltung in Wien zusammengefasst. Dadurch wurde besonders eine Kontrolle der Staatseinnahmen möglich, die für den Ausbau eines effektiven Militärwesens benötigt wurden. Seit dem Einfall Preußens sollten die Grenzen Österreichs nämlich sicherer werden. Geplant wurde ein Einhunderttausend-Mann-Heer, das strategisch über die Erblande verteilt wurde. Zur Ausbildung der Offiziere wurden die Militärakademie in Wiener Neustadt (1752) und eine Ingenieurschule für Militärwesen in Wien (1754) gegründet.

Zur Stärkung des Finanzwesens wurde die Aufstellung eines Katasters (1748) zur besseren Besteuerung eingeführt. Im Handel verfuhr Maria Theresia nach den Regeln des Merkantilismus; 1740 erließ sie daher ein Einfuhrverbot für Luxusgüter, förderte das Manufakturwesen und baute die hemmenden Binnenzölle ab. 1750 folgte eine Münzreform, die den Binnenzahlungsverkehr vereinfachte. Schwierig blieb jedoch wegen der besonderen geographischen Gebirgslage das für den Binnenhandel wichtige Verkehrswesen. Reformen wurden auch im Universitätsbereich eingeleitet. Federführend war dabei der holländische Mediziner Gerard van Swieten, der auf diese Weise einen Beitrag zur Entwicklung Österreichs zu einem modernen aufgeklärten Staatswesen leistete.

Nach dem Tod des Gatten Maria Theresias, des Kaisers Franz I. (1765), wurde ihr Sohn Joseph II. bis 1780 zunächst Mitregent (1765–1790) in den Erblanden. Da er vom Gedankengut der Aufklärung beeinflusst war, bekam die gemeinsame Regentschaft einen neuen Stempel aufgedrückt. Das Verhältnis von Staat und Kirche veränderte sich zu mehr Unabhängigkeit des Staates, wodurch eine größere Toleranz in Glaubensfragen erzielt wurde. Auch das Gerichtswesen wurde durch Reformen im Strafrecht verändert (1768), was vor allem durch Milderung der Strafen in der Theresianischen Halsgerichtsordnung und Festlegung der Verhörpraxis zum Ausdruck gelangte; 1776 wurde schließlich die Folter abgeschafft.

Nach 1770 war die gemeinsame Herrschaft von Mutter und Sohn zunehmend von Spannungen geprägt. So beteiligte sich Maria Theresia z. B. auf Betreiben Josephs II. zusammen mit Friedrich II. von Preußen und Katharina von Russland an der ersten Teilung Polens mit der Einverleibung des reichen Galizien.

Eine weitere Reformidee, die Einführung des allgemeinen Volksschulunterrichts (1774), sollte vor allem der Verbesserung der bäuerlichen Lebensverhältnisse durch schulische Ausbildung Rechnung tragen. Es bleibt jedoch festzustellen, dass die Einführung der allgemeinen Schulpflicht, die sich zudem nicht zügig durchführen ließ, nicht allein aufgrund besserer Einsicht oder aufklärerischer Ideen zustande kam. Vielmehr lag ein Grund in der Agrarkrise von 1770 bis 1772, die sich in Böhmen durch eine Pestepidemie noch verstärkte und schließlich wegen des Plans einer Besteuerung der Bauern 1775 in einen allgemeinen Aufstand umschlug.

Im Großen und Ganzen waren die politischen Bemühungen Maria Theresias und Josephs II. auf eine Festigung des Überkommenen ausgerichtet. Daher blieb die Gesellschaftsordnung mit der Aufrechterhaltung von Adel und Grundherrschaft und dem Wiederaufleben der Leibeigenschaft stabil. Neuerungen und Wandel sind in dieser Phase des aufgeklärten Absolutismus in Österreich kaum auszumachen.

Allein die Hauptstadt Wien verzeichnete einen Bedeutungswandel des Bürgertums bedingt durch den Personalbedarf in Verwaltung, Handel und Gewerbe. Zwischen 1700 und 1750 vergrößerten sich dadurch die Einwohnerzahlen von 100.000 auf 150.000. Den Hauptanteil am Bürgertum Wiens stellten die Deutschen. Hinzu kamen Osteuropäer und Juden, die sich in freien Berufen und im Handel betätigten. Wien war von mondänem Gesellschaftsleben des Bürgertums und des Adels geprägt. Das Stadtbild nahm diese Einflüsse nach und nach auf; barocke Schloss-, Kirchen- und Profanbauten prägen die Stadt bis heute.

Ein absolutistisches Königreich entsteht: Preußen

Der Ausgangspunkt des zweiten bedeutenden Staates im Heiligen Römischen Reich, Preußen, war das Kurfürstentum Brandenburg, das seit 1415 von den Hohenzollern regiert wurde. Wie die Länder der Habsburger war auch Brandenburg ein zersplitterter Staat mit unzusammenhängendem Staatsgebiet, das sich mit seinen Landesteilen vom Niederrhein bis nach Ostpreußen erstreckte. Regiert wurde es seit dem Dreißigjährigen Krieg von Kurfürst Friedrich Wilhelm (1640–1688), dem „Grossen Kurfürsten".

Friedrich Wilhelm brachte in seinem Stammland den Absolutismus sehr zügig voran, indem er das alte Steuerbewilligungsrecht der Stände außer Kraft setzte. Auf dem brandenburgischen Landtag von 1654 bewilligten die Stände dem Landesherrn letztmalig zur Kriegsführung im schwedisch-polnischen Krieg Steuergelder gegen Anerkennung ihrer alten Privilegien. Für die Gewährung der Polizei- und Justizgewalt auf ihren Gütern und das Privileg der Steuerbefreiung erkannten die Adligen der Mark Brandenburg die uneingeschränkte Finanzhoheit des Kurfürsten an. Widerstand leisteten in dieser Frage die Landstände Ostpreußens, die die Lehnsunabhängigkeit der Hohenzollern von Polen nicht anerkennen wollten, die im Frieden von Oliva (1660) für die ostpreußischen Besitzungen der Brandenburger ausgesprochen worden war. Der Landesherr war in der Frage der Durchsetzung seiner Herrschaftsansprüche jedoch nicht zimperlich und ließ den Anführer des Widerstandes zum Tode verurteilen und hinrichten. Das Steuererhebungsrecht des Fürsten war damit in allen brandenburgischen Territorien anwendbar, so dass der Gedanke eines Zentralstaates stärker Platz greifen konnte, galt es doch, durch die Person des Fürsten die geographisch getrennten Landesteile mit eigener Verwaltung und Rechtsprechung zu einer „Union" zu verschmelzen. In der Dezentralität und ihrer Überwindung lag nämlich das Hauptproblem des Monarchen.

Der Adel wurde nicht, wie in Frankreich, an den Hof gezogen, wohl aber in den Staatsdienst integriert, wo er sowohl im neuen stehenden Heer von 30.000 Mann das Offizierskorps bildete als auch die Spitzen des Beamtenapparates stellte.

1651 wurden als erste zentrale Verwaltungseinrichtung der „Geheime Rat" eingerichtet, ab 1667 in den Städten eine einheitliche Verbrauchssteuer, die Akzise, und außerdem Schutzzölle für die eigene Güterproduktion erhoben.

Einen besonderen Akzent setzte Friedrich Wilhelm mit der Aufnahme der aus Frankreich vertriebenen Calvinisten, der Hugenotten, die er einerseits aus religiösen, andererseits aber auch aus politisch-merkantilistischen Gründen mit dem Edikt von Potsdam (1685) in Brandenburg aufnahm. Über 20.000 Franzosen, kapitalkräftig und gebildet, strömten bei freier Ortswahl ins Land und gaben den Rückhalt für den gewerblichen und wirtschaftlichen Aufschwung Brandenburgs. Etwa 4000 Hugenotten zogen nach Berlin, was seinerzeit ca. ein Drittel der Gesamtbevölkerung der Stadt ausmachte.

Der Nachfolger des Großen Kurfürsten, Friedrich III. (1688–1713), brachte Brandenburg eine neue Qualität von Herrschaft und einen neuen Namen, nämlich Preußen, der sich an Stelle des Namens Brandenburg schnell durchsetzte und sicherlich zu einer intensiveren Verschmelzung der Landesteile zu einem Ganzen beitrug. Für verschiedene politische und militärische Unterstützung des Kaisers bzw. des Hauses Habsburg wurde das nicht zum Reich gehörende Herzogtum Preußen im Jahr 1701 zum Königreich erhoben. Da der westliche Teil Preußens zu Polen gehörte, konnte sich Friedrich nicht König von, sondern nur König in Preußen nennen. Erst nach der 1. Teilung Polens, als Westpreußen preussisch wurde, konnte sich Friedrich II. als König von Preußen bezeichnen. Dennoch bedeutete der Königstitel für den Kurfürsten, der sich nach der Selbstkrönung in Königsberg (1701) Friedrich I. nannte, einen Zuwachs an Prestige.

Auch andere deutsche Reichsfürsten strebten nach Königskronen. Kurfürst August „der Starke" wurde 1697 zum polnischen König gewählt, Herzog Georg von Hannover zum König von Großbritannien und Irland. In beiden Fällen handelte es sich um eine Personalunion in der Gestalt des Monarchen; eine Vereinigung der Länder fand nicht statt.

Friedrich folgte bezüglich der Förderung der Wissenschaften dem Zeitgeist, stiftete 1694 die neue Universität Halle, 1696 die Akademie der Künste und 1700 die Akademie der Wissenschaften in Berlin mit dem Philosophen Leibniz als Präsidenten. Der König förderte ebenso den Ausbau der Hauptstadt Berlin, indem er das Zeughaus errichten und das Berliner Schloss umbauen ließ. Der dabei verwirklichte preußische Barockstil ist mit den Baumeistern Schlüter und Eosander verbunden. Berlin blieb Hauptstadt und Residenz des neuen Königreichs.

Mit der Einführung fester Verwaltungsgremien, den Departements, legte Friedrich I. die Grundlage für eine absolutistische Behördenverwaltung in seinem Staat.

Prägend wurde für Preußens Beamtenschaft und Militär die besondere Glaubensmischung aus Calvinismus und Pietismus, also eine Verbindung von sozialreformerischen und asketisch-vernunftbesetzten Glaubensrichtungen, die vom neuen Herrscher Friedrich Wilhelm I. (1713–1740) gelebt wurde. So gestaltete er fortan das Berliner Hofleben, im Gegensatz zum Vorgänger, streng und nüchtern. Sogar Personal wurde eingespart. Die Armee wurde statt dessen an die erste Stelle gesetzt. Der „Soldatenkönig" brachte das Heer von 38.000 auf 83.000 Mann Stärke, wofür er zwei Drittel des Staatshaushalts aufwenden musste. Bei einer Gesamteinwohnerzahl Preußens zu dieser Zeit von ca. 2,5 Millionen bedeutete dieses Heer eine enorme Leistung. Da Preußen natürliche Grenzen fehlten, war es besonders auf ein stehendes Heer angewiesen. Ein rigoroses Rekrutierungssystem, das mit Zwang arbeitete, ergänzte ständig den Rekrutenbestand und betraf in der Hauptsache Handwerker- und Bauernsöhne. Die Truppenausbildung wurde nach modernsten Regeln durchgeführt, Gleichschritt und eiserner Ladestock, der rascheres Schießen ermöglichte, gehörten dazu.

Die Zivilverwaltung wurde nach militärischem Vorbild organisiert und vom König direkt geführt. Alle Entscheidungen wurden von Friedrich Wilhelm I. alleine gefällt; nachdem ihm die Behörden schriftlich berichtet hatten, erteilte er ebenso schriftlich Weisungen.

Als oberste Behörde fungierte das Generaldirektorium, ein Superministerium für Wirtschaft, Finanzen und das Militär. Ihm waren in den Landesteilen sog. Provinzialkammern, später Regierungen – vergleichbar mit den heutigen Bezirksregierungen – unterstellt. Schließlich bildeten die Landkreise mit den Landräten die untere Ebene der staatlichen Verwaltung. Dadurch entstand in Preußen ein moderner Einheitsstaat mit sparsamster Verwaltung und genauer Kontrolle.

Neben der weiteren Vergrößerung Berlins ließ der König vor allem seine Lieblingsstadt Potsdam nach holländischem Vorbild ausbauen.

Strenge und Gläubigkeit zeichnen Friedrich Wilhelm aus. Sein Sohn Friedrich bekam diese väterlichen Eigenschaften besonders zu spüren. Der Soldatenrock war tägliche Bekleidung des Königs, das Tabakskollegium mit derben Scherzen sein einziger Lebensgenuss. Bei seinem Tod konnte er immerhin einen Staatsschatz von 10 Millionen Talern hinterlassen.

Die Nachfolge Friedrich Wilhelms war lange wegen eines Vater-Sohn-Konflikts in Frage gestellt. Kronprinz Friedrich forderte mit seiner Vorliebe für Philosophie und Musik die Gewalttätigkeit seines Vaters heraus. Deshalb versuchte er, sich durch die Flucht nach England zu entziehen. Der Plan wurde entdeckt, Friedrich vor Gericht gestellt und anschließend arrestiert. Sein Freund und Fluchthelfer Katte wurde hingegen exekutiert, Friedrich zur Anwesenheit gezwungen. Dennoch kam es später zu einer Wiederannäherung von König und Thronfolger.

Der „Philosoph auf dem Thron", Friedrich II. (1740 – 1786), fertigte eine Schrift, die ihn als aufgeklärten Fürsten auswies, den „Antimacchiavell". Darin vertrat er gegenüber dem italienischen Philosophen Macchiavelli die Ansicht, dass die Staatsraison nicht jedes Verbrechen und jede Treulosigkeit rechtfertige. Entgegen dieser These führte er jedoch kurz nach der Thronbesteigung 1740 auf Grund fadenscheiniger Erbansprüche einen Eroberungskrieg gegen Habsburg, in dessen Folge er Schlesien annektierte und in zwei weiteren Kriegen verteidigte. Auch die Einverleibung polnischer Gebiete, durch diplomatische Verhandlungen 1772 erwirkt, brachte Preußen zwar eine Vergrößerung und Arrondierung des Staatsgebietes, gehört aber ebenso in den Reigen der Widersprüchlichkeiten der Person Friedrichs.

Die Aufteilung des polnischen Staatsgebietes wurde von Preußen, Russland und Österreich 1793 und 1795 weiter betrieben und führte zum völligen Verschwinden Polens als souveräner Staat.

Unter Friedrich II. wurde die merkantilistische Wirtschaftspolitik in Preußen intensiviert. So wurde der Kartoffelanbau angeordnet, vor allem jedoch wurden in der Seiden- und Wollindustrie neue Manufakturen gefördert, 1751 die Berliner Porzellanmanufaktur gegründet. Auch die Montanindustrie erhielt in den Territorien Mark und Schlesien einen geförderten Aufschwung. Außerdem wurde der Warenverkehr durch eine intensive Kanalbaupolitik verbessert. Es entstanden nun Querverbindungen zwischen Elbe, Havel, Oder und Weichsel.

Eine besondere Leistung bestand in der Urbarmachung und Besiedlung von Oder-, Warthe- und Netzebruch, bislang wenig nutzbaren Überflutungs- und Moorgebieten. Es entstanden viele Siedlerstellen, die mit Kolonisten aus Schwaben, der Pfalz und Österreich besetzt wurden. Insgesamt wurden über 800 neue Dörfer mit etwa 300.000 Einwohnern angelegt.

Justiz-, Schulreform und tolerante Religionspolitik sind weitere Entwicklungen des friderizianischen Absolutismus. Dabei wurde in Preußen erstmals eine neue Prozessordnung mit Instanzenzug erlassen sowie ein einheitliches Rechtswerk geschaffen, das jedoch erst 1794 als Allgemeines Preußisches Landrecht veröffentlicht wurde. Die Reform der Volksschule blieb aber in Anfängen stecken und wurde erst später verwirklicht.

Eine Veränderung der Sozialstrukturen fand in Preußen nicht statt, vielmehr stützte sich der König noch stärker auf den Adel, der dadurch seine Stellung behaupten konnte, er blieb die tragende Schicht in Armee und Verwaltung.

Bei seinem Tode hinterließ Friedrich, trotz der hohen Kriegslasten, seinem Nachfolger ein stehendes Heer mit der beachtlichen Größe von 188.000 Mann und einen Staatsschatz von 54 Millionen Talern.

Absolutismus in den deutschen Kleinstaaten

Frankreich war das große Vorbild auch für die weniger mächtigen Fürsten im Reich. Das Gottesgnadentum des Herrschers, ein Zurückdrängen bzw. Ausschalten des politischen Einflusses der Stände, ein vom Monarchen gelenkter Militär- und Beamtenapparat waren die Merkmale, nach denen sich hier seit Ende des Dreißigjährigen Krieges verschiedenartige absolutistische Herrschaften bildeten.

Zunächst wurden die meisten Territorialfürsten dabei von patriarchalischen Vorstellungen geleitet, gingen aber nach und nach zur Zentralisierung von Verwaltung, Finanz- und Wirtschaftspolitik über, ohne jedoch das ständische Sozialgefüge ernsthaft zu überwinden. Nicht Bürgertum, sondern Beamtenschaft wurde die Grundlage auch dieser Kleinstaaten.

In Bayern wurden die Rechte der Stände eingeschränkt, die bestehenden Ansätze für ein stehendes Heer und zentrale Verwaltung ausgebaut, in der Wirtschaft merkantilistische Wege beschritten. In Sachsen konnten die Stände ihren erheblichen Einfluss halten, ebenso in Württemberg und Mecklenburg.

In Hannover, der Pfalz und Baden kam der Absolutismus zum Durchbruch. In den geistlichen Fürstentümern gelang es, da dort durch häufige Wechsel und Neuwahl eines Fürsten gegenüber dem jeweiligen Domkapitel wenig auszurichten war, nur vereinzelten Fürsten, Machtpolitik zu betreiben.

Obwohl die politische Zusammenfassung von Staatsräumen, die Einführung straffer Verwaltungsstrukturen und die Förderung der Wirtschaft Vorteile für Fürsten und Untertanen brachten, hatte das Vordringen des Absolutismus auch zur Folge, dass einige seiner Repräsentanten weniger die Wohlfahrt von Untertanen und Staat als vielmehr die Entfaltung eigener persönlicher Vorlieben im Sinne hatten. Glanzvolles höfisches Leben, repräsentatives Bauen oder militärische Machtentfaltung der kleinen Fürsten führte dabei häufig zu einem Ausverkauf der eigenen Unabhängigkeit und sogar der Untertanen, wie die Beispiele aus Hessen-Kassel, Württemberg u.a. zeigen.

Das Zeitalter des Absolutismus war aber auch die Epoche des Mäzenatentums, das aus dem Drang zur Repräsentation heraus viele Bereiche förderte: Wissenschaften, Kunst und Kunsthandwerk, Kunstsammlungen, Architektur, Musik, Literatur, Theater und Mode. Auch die Herstellung von Porzellan (Böttger) und die Einrichtung von Porzellanmanufakturen an den verschiedenen Höfen ist auf adliges Mäzenatentum zurückzuführen.

Der Bau von Schlössern und anderen Repräsentationsbauten brachte den Baustil des Barock und seine Verfeinerung im Rokoko zur vollen Entfaltung. Zwar ist die Architektur dieser Epoche Ausdruck des Feudalismus, doch ohne die Verwirklichung durch die unteren Stände wäre sie nicht zustande gekommen.

Im Sachsen Augusts des Starken entstanden unter anderem der Dresdner Zwinger (Pöppelmann), verschiedene Schlossanlagen, Stadtpalais und Kirchen. Die Wittelsbacher ließen Schlösser wie Schleißheim und Nymphenburg, der Kölner Kurfürst Clemens August Brühl und Clemenswerth bauen. Neue, aufwendig geplante Residenzen wurden nach dem Vorbild von Versailles in Mannheim (Kurfürst Karl Philipp von der Pfalz), Karlsruhe (Markgrafen von Baden-Durlach) oder Ludwigsburg (Herzöge von Württemberg) errichtet. Auch die geistlichen Fürsten prunkten, vor allem im süddeutschen Raum, allen voran die Fürstbischöfe aus der Familie Schönborn, die besonders in Mainz und Würzburg (Residenz) bauen ließen. Bekannt wurden Architekten wie Fischer von Erlach, Hildebrandt, B. Neumann, J. C. Schlaun.

In den Fürsten fand auch die Musik großzügige Mäzene. Sie finanzierten Orchester und Chöre, bauten Opernhäuser und gaben neue Werke in Auftrag. Auch die Kirchenmusik fand in vielen Barockkirchen angemessene Räume für große Kompositionen: Messen mit Chor und Orchester, Kantaten mit Orgelbegleitung u. a. Selbst Dorfkirchen wurden nun mit einer Orgel ausgestattet.

Im 18. Jahrhundert errang die deutsche Musik erstmals Weltgeltung gegenüber den bisher dominierenden italienischen und französischen Komponisten. Händel und Bach, Telemann, Haydn und Mozart entwickelten neue Tonsprachen, die bis heute Maßstäbe setzen.

Eng verbunden mit der Musik war der Tanz. Vor allem das „Menuett" (franz. menu pas – zierlicher Schritt) hielt als Nachfolger höfischer Tanzformen des 15. Jahrhunderts am Hofe Ludwigs XIV. durch den Komponisten Jean Baptiste Lully (1632–1687) Einzug und schnelle Verbreitung an den europäischen Fürstenhöfen und wurde auch von städtischen Oberschichten nachgeahmt. Körperliche Berührungen der schreitenden Paare kennt das Menuett nur in Andeutungen. Anders verhielt es sich im Umfeld des 3. Standes, wo es derbere Tanzformen (Walzer = „Deutscher Tanz") gab.

C Chronik

1556–1598	Philipp II. König von Spanien
1558–1603	Elisabeth I. Königin von England
1561	Madrid wird spanische Haupt- und Residenzstadt
1568–1571	Bürgerkrieg in Spanien mit den Moriskos und deren Zwangsumsiedlung
1570	Philipp II. greift in die Rechte der Stände von Kastilien ein
1576	Zusammenschluss der niederländischen Provinzen gegen Spanien
1579	Union von Arras, Verbleib der südlichen Niederlande bei Spanien
1581	Unabhängigkeitserklärung der nördlichen Niederlande
1580–1640	Personalunion zwischen Spanien und Portugal
1601	Unterwerfung Irlands durch England
1609–1614	Vertreibung der Moriskos aus Spanien
1618–1648	Dreißigjähriger Krieg; Friedensschluss und europäische Neuordnung
1624–1642	Kardinal Richelieu regiert in Frankreich
1625	Karl I. König von England
1628	Petition of Rights; bis 1640 keine Einberufung des engl. Parlaments
1637	Descartes formuliert Grundregeln des „Rationalismus"
1640	Friedrich Wilhelm Kurfürst in Brandenburg
1642–1646	Bürgerkrieg in England
1643–1661	Kardinal Mazarin regiert in Frankreich (Ludwig XIV. minderjährig)
1649	Hinrichtung Karls I. in London
1649–1660	England wird Republik unter Lord-Protektor Cromwell
1653	Adelsaufstand (Fronde) in Frankreich
1658–1705	Kaiser Leopold I.
1660	Wiederherstellung des Königtums in England
1661	Tod Mazarins; Ludwig XIV. übernimmt die Regierung
1662	Gründung der Royal Society in London
1664–89	Bau von Schloss und Stadt Versailles (Regierungssitz seit 1682)
1666	Gründung der Akademie der Wissenschaften, Paris
1667/1672/1688	Eroberungskriege Ludwigs XIV. gegen Spanien/Holland/Pfalz
1683	Befreiung Wiens von den Türken und deren Vertreibung aus Ungarn

Chronik C

1685	Aufhebung des Edikts von Nantes, Vertreibung der Hugenotten aus Frankreich; Edikt von Potsdam, Aufnahme der Hugenotten in Brandenburg
1687	Übertragung der ungarischen Krone an das Haus Habsburg
1688	Friedrich III. Kurfürst von Brandenburg / König in Preußen (1701)
1694	Gründung der Universität Halle
1697	Frieden von Ryswijk, Frankreich wird europäische Vormacht; Kurfürst von Sachsen wird König von Polen (August d. Starke)
1689	Wilhelm III. (von Oranien) wird engl. König; Bill of Rights
1700	Gründung der Preußischen Akademie der Wissenschaften, Berlin
1701	Krönung des Kurfürsten von Brandenburg zum König in Preußen
1711–1740	Kaiser Karl VI.
1713	Regelung der Erbfolge in Österreich durch die „Pragmatische Sanktion"
1713–1740	Friedrich Wilhelm I. (Soldatenkönig) preußischer König
1714	Haus Hannover übernimmt die Königswürde in England
1715	Tod Ludwigs XIV.; Gründung Karlsruhes durch den Markgrafen von Baden-Durlach
1718	Österreich im Besitz Serbiens; Militärgrenze zum Schutz vor den Türken
1726	Baubeginn der Frauenkirche in Dresden (George Bähr)
1740–1780	Maria Theresia Königin von Ungarn und Böhmen, Erzherzogin von Österreich
1740–1786	Friedrich II. König von Preußen
1740	1. Schlesischer Krieg
1744	2. Schlesischer Krieg; allgemeine Einführung des Kartoffelanbaus in Preußen
1756–1763	Siebenjähriger Krieg (3. Schlesischer Krieg)
1763	Ansätze zu einer allgemeinen Schulpflicht in Preußen (General-Landschul-Reglement)
1765	Joseph II. Mitregent in Österreich (–1790)
1768	Strafrechtsreform in Österreich; Abschaffung der Folter (1776)
1772	1. Teilung Polens (Russland, Preußen, Österreich)
1774	Allgemeine Schulpflicht in Österreich
1776	Soldatenhandel deutscher Fürsten mit dem König von England
1781	Toleranzedikt, freie Religionsausübung in den Habsburgischen Ländern
1784	Immanuel Kant definiert die „Aufklärung"
1789	Französische Revolution
1793	2. Teilung Polens zwischen Russland und Preußen
1795	3. Teilung Polens zwischen Russland, Preußen und Österreich

Glossar

Absolutismus
Regierungsform, bei der ein Fürst Inhaber aller staatlicher Gewalt ist. Die Machtbefugnis ist von Gott abgeleitet (Gottesgnadentum). Daher ist der Fürst losgelöst (absolut) von irdischen Bindungen und nur Gott gegenüber verantwortlich. – Absolutismus bezeichnet auch die Epoche seit dem Dreißigjährigen Krieg bis zur Französischen Revolution.

Allgemeines Landrecht
In Preußen 1794 veröffentlichtes Rechtsbuch mit Bestimmungen für Zivil-, Straf- und Staatsrecht. Die Rechte des Einzelnen und die Stellung der Richter sind vor Eingriffen des Königs geschützt.

Aufgeklärter Absolutismus
Im Gegensatz zum reinen Absolutismus ist der aufgeklärte Fürst Diener seines Staates und wird bei seinem Handeln von der Vernunft, also von den Grundsätzen der Aufklärung bestimmt.

Aufklärung
Geistesbewegung, die Denken und Handeln aus der Vernunft begründet und den Menschen aus jeglicher Bevormundung befreit wissen will. Als Epochenbegriff setzt sich „Aufklärung" im 18. Jahrhundert in Europa durch.

Allgemeine Schulpflicht
Staatliche Zwangsmaßnahme einer Ausbildung der Kinder vor allem in Lesen, Schreiben und Rechnen für alle Stände als Auswirkung der Aufklärung. In Preußen wird die Schulpflicht 1763, in Österreich 1774 eingeführt, kann jedoch erst im 19. Jahrhundert auch durchgesetzt werden.

Barock
(= unregelmäßige Perle) Europäische Kunstepoche vom 16.–18. Jahrhundert; sie umfasst bildende Künste, Literatur, Philosophie und Musik. Der Barock entsteht in Italien durch Weiterentwicklung der Renaissance.

Bill of Rights
Grundlegendes Gesetz in England (1689), das die Rechte des Königs eingrenzt und die des Parlaments festlegt.

Dualismus
Das rivalisierende Nebeneinander von Österreich und Preußen im Deutschen Reich.

Enzyklopädie
Ein alphabetisch geordnetes Universallexikon für alle Wissensgebiete. Erstmals 1751 bis 1780 von Diderot und d'Alembert in Frankreich herausgegeben.

Gesellschaftsvertrag
Politische Theorie der Aufklärung. Nach ihr soll der Staat durch den Zusammenschluss vieler Menschen und den Vertragsschluss mit einem Herrscher entstanden sein.

Gewaltenteilung
Seit der Aufklärung werden drei Hauptaufgaben der Staatsgewalt zum Prinzip des Rechtsstaates erklärt: Gesetzgebung (Legislative), Ausführung (Exekutive) und Justiz (Judikative). Diese sollen von drei unabhängigen Organen, Parlament, Regierung und Gerichten ausgeübt werden.

Großmacht
Staat mit starkem Einfluss in der internationalen Politik. Entscheidend für den Großmachtbegriff sind Größe des Staatsgebietes und Bevölkerungszahl, Wirtschafts- und Militärkraft.

Kleiderordnung
Seit dem 14. Jahrhundert eingeführte obrigkeitliche Kleidergesetzgebung, diese richtet sich seit 1530 nach der Reichspolizeiordnung. Es geht dabei besonders um Abgrenzung der einzelnen Stände, aber auch um den Schutz der heimischen Textilproduktion.

Manufaktur
Betrieb zur Warenproduktion mit Hilfe arbeitsteiliger Handarbeit und einfacher Maschinen. Vorläufer der Fabrik.

Menschenrechte
Angeborene, unveränderbare Rechte, die allen Menschen zuerkannt werden (Recht auf Leben, Freiheit, Gleichheit vor dem Gesetz). Sie sorgen für den Schutz des einzelnen gegenüber der Staatsgewalt, beinhalten zugleich aber auch bestimmte Pflichten gegenüber den Mitmenschen.

Merkantilismus
Wirtschaftspolitik im Absolutismus durch staatliche Lenkung zur Finanzierung von Hof, Heer und Verwaltung, mit dem Prinzip, mehr Waren aus- als einzuführen.

Parlamentarische Monarchie
Staatsform, bei der ein Monarch (Fürst) sich in allen politischen Entscheidungen nach dem Parlament richten muss, also nicht selbständig regieren darf.

Pragmatische Sanktion
Österreichisches Gesetz von 1713. Es legt die Unteilbarkeit der habsburgischen Länder fest und ermöglicht in diesen die weibliche Thron-/Erbfolge für Maria Theresia.

Preußen
Ursprünglich der Staat des Deutschen Ordens. Nach Umwandlung in ein evangelisches weltliches Herzogtum und durch Erbfolge an Brandenburg gefallen. 1701 zum Königreich erhoben; danach wird der Name Preußen für den Gesamtstaat üblich.

Rationalismus
Während der Epoche der Aufklärung entstandene Lehre, nach der wahre Erkenntnisse allein durch logisches Denken (Ratio = Vernunft) erzielt werden können.

Residenz
Amts- und Wohnsitz eines Fürsten.

Rokoko
Europäische Kunstepoche (1720–1790). Als Endphase des Barock angesehen, wirkt das Rokoko graziöser und zierlicher.

Schlesische Kriege
Kriege zwischen Preußen und Habsburg (1740/1744/1756–63), von Friedrich II. wegen fadenscheiniger Erbansprüche begonnen, um die österreichische Provinz Schlesien annektieren zu können.

Stände
Seit dem Mittelalter bestehende geschlossene Gesellschaftsschichten, die besondere Rechte und Pflichten gegenüber einem Fürsten wahrnehmen (Adel, Geistlichkeit, 3. Stand).

Stehendes Heer
Das Stehende Heer ist, anders als das Söldnerheer des Spätmittelalters, ständig einsatzbereit, häufig in Kasernen untergebracht. Zu seiner Unterhaltung werden Steuern benötigt.

E Unterrichtshilfen

1. Die Anfänge des Absolutismus in Spanien

Einführung (vgl. Basiswissen S. 7 f.)
Das Zeitalter des Absolutismus zwischen 1650 und 1800 umgreift in diesem Zeitraum mit seinen unterschiedlichen und doch ähnlichen Macht- und Regierungsformen fast ganz Europa. Der moderne Verwaltungsstaat hat hier seinen Ursprung.
Jenes Europa hat das heutige Europa ganz wesentlich vorgeprägt. Viele der noch heute bestehenden Staaten sind damals entstanden. Relikte des Absolutismus und seiner Einflüsse auf viele Lebensbereiche sind noch in großer Zahl vorhanden: so etwa die noch bestehenden Monarchien, aber auch Bauwerke, Gartenanlagen, Zeugnisse der bildenden Kunst und der Musik.
Der Prozess der Umverteilung politischer Macht von ständischer zu absoluter Herrschaft vollzog sich in vielen europäischen Territorien nach ähnlichem Muster. Der Fürst baute seine Macht dadurch aus, dass er die Rechte der Stände einschränkte bzw. diese erst gar nicht einberief. Diesen Weg gingen z. B. die Könige von Spanien und Frankreich, aber auch Herrscher in zahlreichen Ländern des Hl. Römischen Reichs.

Großbritannien nimmt eine Sonderstellung ein. Hier gelang es nämlich den ständischen Gruppen, die Monarchie nachhaltig durch ein Parlament zu überwachen.

Didaktische Hinweise
Der Einstieg in das Thema will auf die europäische Dimension der absolutistischen Herrschaftsform hinweisen, um im Sinne des Zusammenwachsens der Europäischen Union historisch entstandene Gemeinsamkeiten und Parallelitäten der heutigen europäischen Staaten aufzuzeigen. Möglicher Einstieg ist, dass es im gegenwärtigen Europa Staaten mit monarchischem Oberhaupt gibt.
Als ein frühes Beispiel des sich bildenden Absolutismus dient die Entwicklung in Spanien unter Philipp II. Hier ist der sich in anderen Staaten erst später vollziehende Konflikt zwischen den Teilhabern der politischen Macht, nämlich König und Stände, und dessen Abfolge exemplarisch zu betrachten. Eng mit der spanischen Entwicklung ist der Sonderfall der Niederlande verbunden.

Zu den Materialien

Übersicht

Themen	Methoden	Materialien
Absolutismus in Europa	Kartenarbeit, Arbeitsblatt	M 1.1
Die Festigung der Königsmacht in Spanien	Textanalyse Textanalyse, Aufgaben Kartenarbeit Textanalyse Bildbetrachtung, Aufgaben	M 1.2 M 1.3 M 1.4 M 1.5 M 1.6
Sezession der Niederlande	Textarbeit Kartenarbeit, Aufgaben	M 1.7 M 1.8

M 1.1 Europa im Zeitalter des Absolutismus
Die Karte zeigt den Gebietsstand von 1713 mit den Veränderungen, die nach dem Spanischen Erbfolgekrieg im Frieden von Utrecht eintraten. An Österreich fielen die Spanischen Niederlande, Mailand und Neapel; zu Großbritannien gelangten Gibraltar und Menorca; zu Savoyen kam Sizilien.
Der Vergleich mit einer heutigen Europakarte wird vor allem in Mittel- und Osteuropa seither eine starke Veränderung und Neubildung von Staaten erkennen lassen, die einerseits zu größeren Einheiten führten wie in Deutschland oder Italien, aber auch zu Zersplitterungen wie in den Ländern der Habsburger oder dem osmanischen Teil des Balkans.

E Unterrichtshilfen

Lösung der Aufgabe

Staat	Name des Monarchen/der Monarchin
1. Belgien	König Albert II.
2. Dänemark	Königin Margrethe II.
3. Großbritannien	Königin Elisabeth II.
4. Liechtenstein	Fürst Adam II.
5. Luxemburg	Großherzog Henri v. Luxemburg
6. Monaco	Fürst Rainier III.
7. Niederlande	Königin Beatrix
8. Norwegen	König Harald
9. Schweden	König Karl XVI. Gustaf
10. Spanien	König Juan Carlos I.

M 1.2 Die spanischen Stände und der König

In den bis 1500 selbständigen spanischen Landesteilen Kastilien und Aragon waren Ständevertretungen eingesetzt (Hochadel, Landadel, Geistlichkeit, Städte), die gegenüber dem König das Recht hatten, Steuern zu bewilligen und Gesetze zu verabschieden. Außerdem konnten die „Cortes" dem König Vorschriften bezüglich der Ausgaben für die Hofhaltung machen. Die kastilische Ständeversammlung fürchtete um diese Rechte und brachte das offen vor. Die „Cortes" von Aragon widersetzten sich bis 1591 Philipp II., der jahrelang die Stände ignorierte, d. h. nicht einberief. Ein offener Aufruhr wurde militärisch niedergeschlagen.

M 1.3 Philipp II. über das Regieren

Die Umschreibung der Regierungsvollmacht eines Herrschers, wie Philipp II. sie niedergelegt hat, kann gleichsam als Grundsatzerklärung für die absolutistische Herrschaftsform gelten: „Kein Fürst vermag mit eingeschränkten Befugnissen zu regieren". – Zugleich taucht beim spanischen König auch erstmals die Selbsteinschätzung des absoluten Fürsten als „Diener des Volkes/Staates" auf.

Lösung der Aufgaben

a) Die Cortes schränkten seine Herrschaft ein und ließen ihn zum Bittsteller werden.
b) Durch den Fortbestand ihrer Rechte wollten die Cortes den König weiterhin kontrollieren.
c) Philipp II. rechtfertigt seine Eingriffe in die Rechte der Cortes mit seinen Pflichten als König. Die von ihm vorgetragene Rechenschaftspflicht wird jedoch nicht näher erklärt oder belegt.
d) Nur Gott gegenüber muss der König über seine Arbeit Rechenschaft ablegen.

M 1.4 Spanien zur Zeit Philipps II. (1556–1598)

Die Karte stellt die politische Situation auf der Iberischen Halbinsel zwischen 1556 und 1598 zur Regierungszeit Philipps II. dar. Nach Aussterben des portugiesischen Königshauses gelangte Portugal 1580 (bis 1640) an die Krone Spaniens, so dass sich Spanien mit dem Besitz der überseeischen Kolonien auf dem Höhepunkt seiner Macht befand (Goldenes Zeitalter).

Die Schüler können die ehemals selbständigen Königreiche Kastilien und Aragon – als spanische Kernlande – und Portugal – als zeitlich begrenzten Erwerb – gesondert farbig auf der Karte anlegen.

M 1.5 Philipp und die Sicherung seiner Macht

Der Bericht des Gesandten von Florenz über den Ausbau einer absoluten Königsmacht in Spanien zeigt, dass viele später unter Ludwig XIV. in Frankreich angewandten Maßnahmen von Philipp II. vorweggenommen wurden.

M 1.6 Der Escorial

Das Gemälde zeigt den ab 1563 bis 1584 auf Befehl Philipps II. erbauten Escorial bei Madrid, der Sitz des spanischen Königs war. Der gewaltige Bau von 206 mal 161 Metern war gleichzeitig auch Klosteranlage. Der Escorial diente ausschließlich der Machtdemonstration nach außen; denn Philipp nutzte für sich nur drei Räume, vor allem das Arbeitszimmer.

Dem Escorial fehlen zu dieser Zeit noch die spielerischen Elemente des Baustils, die sich in der nachfolgenden Epoche des Absolutismus vor allem in Frankreich ausprägen sollten.

Lösung der Aufgaben

a) Philipp setzte seine Macht mit folgenden Maßnahmen durch: Anlage einer Residenz (Escorial) im Stammland, scharfe Ahndung kleinster Vergehen auch beim Adel, Unterdrückung von Adelsrechten, Einsatz von Militär, direkte Unterstellung der wichtigen Ritterorden unter den König, Ernennung und Einsetzung der hohen Geistlichen durch den König.
b) Aus einer ständisch geprägten entwickelte sich eine nahezu absolute Herrschaft.
c) Philipp war strenger Katholik und bevorzugte eine mönchisch-asketische Lebensweise. Daher benötigte er für sich nur geringen Aufwand. Das Gebäude des Schlosses sollte die Machtvollkommenheit des Herrschers nur nach außen demonstrieren.

Unterrichtshilfen **E**

M 1.7 Offene Rebellion gegen den spanischen König
Im 16. Jahrhundert gehörten die Niederlande zum spanischen Königreich. Die 17 Provinzen waren nach Ständerecht organisiert und entsandten auch Vertreter in eine gemeinsame Ständeversammlung, die „Generalstaaten". Sie besaßen das Steuerbewilligungsrecht wie die Cortes in Spanien. Den spanischen König vertrat ein Statthalter in Brüssel. Als die neuen Glaubenslehren von Luther und Calvin Anhänger fanden, wurden sie gnadenlos verfolgt. Es kam zu Unruhen und 1579 zur Gründung einer Union der 7 nördlichen Provinzen, die sich 1581 von Spanien lossagten. Die südlichen Niederlande verblieben bei Spanien.
Beispielhaft ist dieser Sezessionsvorgang in der Geschichte des Absolutismus, weil hier dem sich entwickelnden absoluten Fürstenstaat erstmalig Grenzen gesetzt wurden und sich parallel eine andere Form von Herrschaft entwickelte.
Die Gründe für die Sezession von Spanien können in folgendem Tafeltext festgehalten werden. Sie richtete sich gegen:
– die gegen die zentralistische Herrschaft durch Spanien
– vor allem gegen die Person Philipps II.
– die spanische Truppenstationierung;
– die Besteuerung;
– die Missachtung alter Privilegien (Ständeverfassung);
– die Glaubensverfolgung
Der Text der Unabhängigkeitserklärung steht in klarem Widerspruch zur Selbsteinschätzung des spanischen Königs (M 1.3) und gibt Anlass zur Diskussion. Die Erklärung der niederländischen Abtrünnigen, sich vom spanischen König als Herrscher loszusagen, kann in Form eines Rollenspiels, möglich ist auch eine „Gerichtsverhandlung", zur Durchdringung des Themas führen.

M 1.8 Die Niederlande im 16. und 17. Jahrhundert
Die politische Entwicklung des heutigen Benelux-Raumes setzt im 16. Jahrhundert mit der Loslösung der niederländischen Nordprovinzen vom spanischen Mutterland ein. Die weitere Ausbildung von Eigenstaatlichkeit erfolgte 1648 nach dem Ausscheiden aus dem Verband des Reiches. Heute liegen drei Staaten auf dem Gebiet der ehemaligen spanischen Niederlande: das Königreich der Niederlande, das Königreich Belgien (1830 begründet) und das Großherzogtum Luxemburg (1866 selbständig).

Lösung der Aufgaben
a) Der Landesherr hat sich gegenüber den Untertanen nicht als wirklicher Fürst verhalten. Die Stände haben das Recht, ihm deswegen die Herrschaft abzuerkennen.
b) Niederländer: Der Fürst setzt seine Macht gegen das Volk ein. Philipp: Der Fürst ist für das Volk da.
c) Niederlande, Belgien, Luxemburg.

2. Frankreich unter Ludwig XIV.

Einführung (vgl. Basiswissen S. 8 ff.)
Der französische König Ludwig XIV. setzte den Absolutismus als tragende Staats- und Regierungsform gegen den Ständestaat durch und wurde damit zum Wegbereiter eines Systems, das bis gegen Ende des 18. Jahrhunderts in fast ganz Europa vorherrschte. Zu den typischen Merkmalen des Absolutismus französischer Prägung gehörten: die Einflusslosigkeit der alten feudalen Herrschaftsträger, die Schaffung eines festen Territoriums, die Errichtung einer starken Zentralgewalt mit einer Residenz, die Schaffung notwendiger Infrastruktur in Verwaltung, Heer, Wirtschaft, Finanzen und Diplomatie.
Ein besonderer Personenkult überhöhte den Herrscher und führte zu einer prunkvollen Hofhaltung mit enormer Bautätigkeit.
Das Wirtschaftssystem des Merkantilismus ließ ein modernes Verkehrssystem und die Manufaktur als Vorläufer der Fabrik entstehen.
In zahlreichen kostspieligen Kriegen konnte Frankreich sein Territorium vergrößern und zur bedeutendsten Macht im Europa dieser Zeit aufsteigen.
Der Staat Ludwigs XIV. wurde Vorbild für andere Fürsten in den Bereichen Kultur (Sprache, Mode, Kunst, Architektur, Literatur, allgemeine Lebensführung), Wirtschaft, Wissenschaft, Politik und Militärwesen. Die hohen Staatsausgaben, verbunden mit enormer Steuerbelastung der unteren Stände, führten u. a. zu starker Verarmung grosser Bevölkerungsteile, zum Staatsbankrott und damit zur Revolution von 1789.

Didaktische Hinweise
Das grundlegende Element bei der Durchsetzung der absolutistischen Regierungsform war die Überwindung des alten ständischen Systems, das wegen seiner vielen Rücksichtnahmen ein direktes Regieren des Fürsten behinderte. Das Frankreich Ludwigs XIV. gilt als Prototyp des Absolutismus. Seine tragenden Elemente – Staatsaufbau und Wirtschaftssystem – können an ihm vorbildhaft studiert werden. Zudem hat der absolutistische Staat die Grundlagen für den modernen Staat vor allem im Bereich der Verwaltung gelegt, ohne die auch dieser nicht auskommt. Grundlage moderner Wirtschaft ist auch das Manufaktursystem, das produktive Fertigungstechniken in fabrikmäßiger Form möglich machte.

E Unterrichtshilfen

Zu den Materialien

Übersicht

Themen	Methoden	Materialien
Das Herrschaftssystem Ludwigs XIV.	Textanalyse, Aufgaben Textanalyse, -vergleich, Aufgaben Bildinterpretation Textvergleich, Aufgaben Textanalyse, Aufgaben, Erstellen eines Schaubilds Tabellenarbeit, Erstellen eines Diagramms, Aufgabe	M 2.1 M 2.2 M 2.3 M 2.4 M 2.5 M 2.6
Leben am Hof	Bildbetrachtung, Interpretation eines Grundrisses, Aufgaben Textanalyse, Rollenspiel Bildbetrachtung (Farbfolie), Aufgaben	M 2.7 M 2.8 M 2.9
Kriege und Krisen	Kartenarbeit Textanalyse Bildbetrachtung, Aufgaben	M 2.10 M 2.11 M 2.12
Kenntnisüberprüfung	Multiple-Choice-Aufgaben	M 2.13

M 2.1 Die Unterdrückung der Stände in Frankreich

Die Macht- und Herrschaftssicherung des französischen Königs geschah ähnlich wie in Spanien durch Ausschalten der ständischen Rechte.
Als Quellengattung lernen die Schüler den Brief kennen und erfahren auf diese Weise auch das Prozesshafte historischer Abläufe aus dem Blickwinkel verschiedener Personen. Vor der Erarbeitung der Brieftexte sollte die Dramaturgie des Geschehens durch Lesen in verteilten Rollen zum Ausdruck kommen.

Lösung der Aufgaben
a) Der ständig wachsende Druck des Königs ließ die Ständeversammlung schließlich nachgeben.
b) Im Wesentlichen in der Bewilligung von Steuergeldern; dadurch konnten sie ursprünglich die Herrschaft des Königs lenken.
c) Der französische König wandte verschiedene Machtmittel zur Durchsetzung seiner Interessen an: Psychischen Druck, Spalten der Opposition, physische Mittel (Lettre de cachet), Verbannung, Militär, Polizei.
d) Die Ständeversammlungen wandelten sich von Interessengruppen, die ihre Machtmittel in verfassungsgemäßer Form als Gegenpart zum Fürsten verstanden, zu Erfüllungsgehilfen des Königs.

M 2.2 Die Rolle des Adels

Zur Erweiterung der königlichen Macht musste nicht nur das Verfassungs-Instrument der Ständeversammlung ausgeschaltet, sondern auch der mit Machtmitteln ausgestattete Erste Stand, der Adel, neutralisiert werden. Kardinal Richelieu schildert den Umgang mit dem Adel. Der betroffene Herzog von Saint-Simon beschreibt, auf welche Weise der Adel politisch ausgeschaltet wurde. Die beiden Texte führen zwei Perspektiven desselben historischen Geschehens vor Augen (Multiperspektivität).

Lösung der Aufgaben
a) Der Adel verlor seine Selbständigkeit und die Bedeutung als führender Stand, indem er sich in eine abhängige Stellung drängen ließ.
b) Der königliche Hof bildete das Auffangbecken für den aus der Provinz zusammengezogenen Adel, war dadurch Kontrollinstrument, bot diesem aber auch ein neues Betätigungsfeld durch die Hofämter.
c) Der Adel verlor seine Identität qua Abstammung und erlitt eine „Degradierung" durch Übernahme von Diensten bei Hof.

M 2.3 Ludwig XIV.

Das Gemälde zeigt den dreiundsechzigjährigen Ludwig XIV., der dem Hofmaler Hyacinthe Rigaud (1659–1743) den Auftrag für das Portrait erteilte. Es war für den Enkel, Philipp V. von Spanien (1683–1746), bestimmt, der als erster Bourbone 1701 den spanischen Thron bestieg. Das Originalgemälde (Maße: 2,8 m x 1,9 m) blieb in Paris und hängt heute im Louvre. Philipp erhielt eine Kopie. – Interessant ist die barocke Kleidung des Königs, Spitzenjabot, Spitzenmanschetten, Seidenstrümpfe, Kniehose (Culottes), Schuhe mit hohen Absätzen und Schleifen. Markant sind die Herrschaftsattribute: Schwert, Zepter, Krönungsmantel mit stilisierten Lilien und Hermelinfutter, die Königskrone ist im Bildhintergrund dekoriert. Der König trägt die seit ca. 1640 als Modeattribut eingeführte Allongeperücke. – Das Königsportrait ist Symbol einer Epoche, die durch äußere Prachtentfaltung den Herrscher überhöht.

Das Portrait Ludwigs XIV. sollte Anlass für eine Bildinterpretation mit grundlegender Diskussion über den Absolutismus sein. Außerdem kann fächerübergreifend im Bereich Kunst/Kunstgeschichte über die Zeit des Barock gearbeitet werden.

M 2.4 Die Rolle des Königs

Als Arbeitsgrundlage wird die Quellengattung „Lebenserinnerungen" (Memoiren des französischen Königs) eingeführt. Die inhaltliche Aussage betont den Herrschertypus des absoluten Fürsten, den Ludwig als Herrn und vor allem als Vater sieht. Der Herrscher sorgt für seine Untertanen als Familienvater; diese sind seine Kinder (Landeskinder), die ihrem Vater (Fürsten) die nötige Liebe und Ehre entgegenbringen.

Bossuet hebt das Gottesgnadentum als Legitimation von Königsherrschaft hervor und stellt den König gleich nach Gott (Statthalter auf Erden). Der König wird dadurch gleichsam unantastbar und auf eine Ebene gehoben, die ihn von irdischen Gesetzen loslöst. – Ein Unterrichtsgespräch über Herrschaftslegitimation auch im Vergleich mit demokratischen Gepflogenheiten sollte an die Interpretation der Quelle anschließen.

Der absolute Fürst hatte, da er sich um alle Angelegenheiten des Staates selbst kümmerte, einen ausgefüllten Arbeitstag. Da alle Gesetze, Anweisungen und Befehle „über den Schreibtisch des Herrschers liefen", war die absolutistische Staatsverwaltung äußerst schleppend.

Ein abschließendes Unterrichtsgespräch sollte die Herrscherpersönlichkeit Ludwigs XIV. herausstellen, aber auch eine Typologie des absoluten Fürsten erbringen.

Lösung der Aufgaben
a) Das Portrait von Rigaud sollte den König mit den Insignien seiner Macht zeigen und dadurch seine herausragende Stellung in überhöhter Form zum Ausdruck bringen.
b) Die Insignien der Macht sind: Schwert, Zepter, Krone, Krönungsornat, Thronsessel.
c) Ludwig wollte absolut herrschen und sämtliche Staatsgeschäfte in seiner Person bündeln.
d) Der franz. König sah sich in der Rolle des Landesvaters.
e) Der absolute Herrscher war durch Gott legitimiert und daher auf Erden unantastbar.

M 2.5 Regierung im absolutistischen Staat

Die Regierung im absolutistischen Staat oblag dem Fürsten. Ludwig XIV. setzte bei Amtsantritt auf von ihm ausgewählte Vertrauenspersonen aus dem Mittelstand, denen er jederzeit wieder die Befugnisse entziehen konnte. Dabei wandte er das Prinzip des „Teile und herrsche" so an, dass er weiterhin die Entscheidung über alles behielt. Adlige Berater wurden kaum noch gerufen. In Frankreich herrschte wie in anderen absolutistischen Staaten die sog. Zentralregierung. – Eine Analyse des Memoirentextes kann in schriftlicher Form erfolgen.

Lösung der Aufgaben
a) Ludwig XIV. regierte de facto allein, d. h. er ließ sich durch Vertraute und Beamte zuarbeiten, stützte sich dabei auf das Militär, das die Position des Königs im Notfall mit Waffengewalt bewahren konnte, und überwachte die Einnahmen, also die Finanzen des Staates; alle Befehlsgewalt und die totale Kontrolle über den Staat oblagen nur dem König.
b)

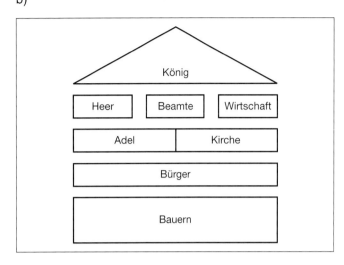

M 2.6 Die Bevölkerung Frankreichs um 1780

Die Bevölkerungsliste gibt eine zeitgenössische Schätzung der sozialen Gliederung Frankreichs um 1780 wieder. Während die beiden ersten Stände undifferenziert aufgenommen wurden, ist der 3. Stand sehr genau unterschieden. Diese Untergruppen repräsentieren zwei große Sozialgruppen, die jedoch zu dieser Zeit noch keine politische Bedeutung besaßen: das ländlich-städtische Besitz- und Bildungsbürgertum und die ländlich-städtischen Lohnabhängigen, Arbeiterschaft.

Lösung der Aufgaben
a) Geistlichkeit ca. 0,8 %, Adel ca. 0,3 %, 3. Stand ca. 98,9 %
b) Bevölkerungsanteil in %: Geistlichkeit ca. 0,8 %; Adel ca. 0,3 %; Soldaten ca. 1,5 %; Offiziere/Beamte ca. 1,3 %; Bildungsbürger ca. 0,4 %; Besitzbürger ca. 16,9 %; Großbauern ca. 9,0 %; Kleinbauern ca. 19%; Arbeiter ca. 42,4 %; Gesinde ca. 8,3%

M 2.7 Das Schloss von Versailles: Grundriss und Gemälde

Das Gemälde des Schlosses von Versailles (1722) stammt von Pierre-Denis Martin. Der erste Bauabschnitt der Residenz Ludwigs XIV. wurde nach der Planung durch Louis le Vau zwischen 1668 und 1671 ausgeführt; der Endausbau – unter der Leitung von Jules Hardouin-Mansart – war 1689 erreicht. Der Schlosskomplex mit Park und zugehöriger Stadt ist Symbol für den französischen Absolutismus, für die Machtfülle, die Großartigkeit, das Pompöse und das Ordnungsgefüge von Herrscher und Staat.

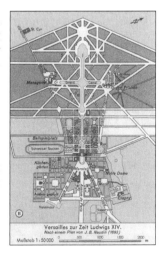

E Unterrichtshilfen

Versailles steht auch für eine besondere Form von Gesellschaft, Hofleben, Kultur, Lebensstil, Architektur und Kunst. Gleichzeitig war Versailles Arbeitsplatz für Handwerker, Hofbedienstete, Lieferanten usw. Außerdem zeigen die Anlagen von Versailles die Leistungsfähigkeit des französischen Volkes in dieser Zeit, die durch hohe Armut breiter Schichten erkauft wurde.

Bei der Bildbetrachtung, die schriftlich oder in Form eines Unterrichtsgespräches erfolgen kann, sollten die genannten Aspekte und Symboleffekte angesprochen werden; auch der Vorbildcharakter für den europäischen Adel darf dabei nicht vernachlässigt werden. Beispiele aus dem Schulumfeld und/oder Erfahrungsraum der Schüler können dabei wichtige Zusatzerkenntnisse liefern.

Der Plan der Gesamtanlage von Versailles zeigt die Unterwerfung der Natur durch Architektur und Geometrie. Die Karte zeigt eine Dreiteilung von Versailles in die eigentlichen Schloss-Anlagen, die Parks und die Stadt, die allein durch den Hof lebte. Vergleiche mit anderen barocken Schloss- und Parkanlagen bieten sich an.

Lösung der Aufgaben
a) Das Schloss von Versailles diente der Darstellung absoluter Macht und der Repräsentation der Herrschaft Ludwigs XIV. – Versailles ist auch Ausdruck des Leistungsvermögens der Untertanen.
b) Ludwig wollte damit Paris „bestrafen", weil dort ein Umsturzversuch gegen ihn unternommen worden war.
c) Residenz Versailles: • Schloss • Park • Stadt.
d) Versailles als Symbol des Absolutismus: pompöse Schlossanlage mit aufwendiger Hofhaltung; Parks mit „gebändigter" Natur und moderner Technik (Wasserspiele); riesiges Aufgebot an Personal, vor allem aber der König im Zentrum.

M 2.8 Das Leben am Hof

Der Text Saint-Simons über die Ankleidezeremonie für Ludwig XIV. zeigt, welche unterschiedlichen Hofämter es allein für die alltägliche Handlung des Ankleidens am französischen Hofe gab; er macht aber auch deutlich, in welch starren Formen und Gegensätzen zum Großteil der Bevölkerung der Hof verharrte.

Eine Spielszene (Rollenspiel) mit dem Ankleideritual zum Inhalt kann die für uns groteske Zeremonie nachvollziehen und zu kritischen Fragen führen.

M 2.9 Spaziergang im Park von Versailles (Farbfolie)

Das Gemälde von P.-D. Martin zeigt einen Teil des Gartens des Versailler Schlosses. Eine Bildbetrachtung kann sich auf zwei Inhalte des Gemäldes konzentrieren: die Gartenanlage und die Besucher des Gartens. Der Garten ist nach französischer Art gestaltet mit bestimmten Zwangsverformungen der Natur (z. B. Heckenschnitt, Kugelbäumen). Rabatten in bestimmten Mustern, Wasserspiele und Plastiken gestalten den Garten, nehmen ihm dabei seine Natürlichkeit. Die Menschen, die den Garten besuchen, fallen in besonderer Weise auf. Dabei sind Mode und Umgangsformen (frz.: étiquette) zu betrachten und zu beschreiben. Vergleiche mit heutigen Parkanlagen können angestellt werden.

Lösung der Aufgaben
a) Hofämter: Erster Kammerdiener, Kammerpagen, Großkämmerer, erster Kammerherr, Kammer-Offiziere (officiers de la chambre), Garderoben-Meister (maître de la garderobe), erster Diener der Garderobe
b) Durch die aufwendigen Hofzeremonien sollten die Würde und hohe Bedeutung des Königs unterstrichen werden.
c) Die Szenerie im Park von Versailles war dadurch möglich, dass der Adel Frankreichs an den Hof in Versailles gezogen wurde. Da die Ämter, mit denen die Adligen betraut waren, in der Regel nur „Scheinämter" waren, hatten sie viel Zeit zur Zerstreuung, u. a. im Park spazieren zu gehen, was der übrigen Bevölkerung vorenthalten blieb.

M 2.10 Die Kriege Ludwigs XIV.

Unter Ludwig XIV. setzte sich zur Durchsetzung und zum Erhalt von Macht das „stehende Heer", das in ständiger Bereitschaft stand, gegenüber dem üblichen Söldnerheer durch. Damit verbunden waren einheitliche Kleidung (Uniform), Bewaffnung und ständige Übung, die Anlage von Kasernen, Magazinen und Festungen. Ziel Ludwigs waren natürliche Grenzen für Frankreich, z. B. der Rhein als Ostgrenze. Wo keine rechtlich begründeten Territorialforderungen vorzuweisen waren, setzte er deshalb auf Erobe-

Unterrichtshilfen E

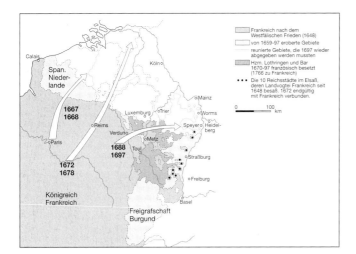

M 2.12 Zerstörung der Reichsstadt Worms 1689

Die Bildquelle ist Beispiel für die Schrecken des Krieges. Vergleiche mit der totalen Zerstörung von Dresden gegen Ende des 2. Weltkriegs bieten sich an. Eine Diskussion über Sinn, Bedeutung und Auswirkung von Kriegen kann und sollte an dieser Stelle erfolgen.

Lösung der Aufgaben
a) Gründe/Ursachen für Kriege: Religions-, Ideologie-, Wirtschafts-, Territorialprobleme, Macht-/Herrschaftsansprüche
b) Außer der Lösung der möglichen Ursachen durch Krieg bieten sich an: Verhandlungen, Vermittlungsversuche Dritter, Einlenken, Gegendruck durch leidende Bevölkerung

M 2.13 Absolutismus in Spanien und Frankreich

Lösung der Aufgaben
1 a, 2 a, 3 a/ 3 c und 3 e, 4 a ,b und c , 5 a

rungskriege. Besondere Angriffsziele waren z. B.: die Spanischen Niederlande (1667/68), Holland (1672/78), die Pfalz (1688/97), Lothringen, Reichsstädte im Elsass. – Der Kartenausschnitt zeigt die Angriffskriege im Norden und Nordosten und die französischen Landgewinne. An dieser Stelle können auch Vergleiche mit den heutigen Grenzverläufen angestellt werden.

M 2.11 Liselotte von der Pfalz über die Kriege
Über die Besetzung und Zerstörung ihrer Pfälzer Heimat berichtete Liselotte von der Pfalz, die Schwester des verstorbenen Pfälzer Kurfürsten. Sie lebte seit ihrer Heirat mit dem Bruder Ludwigs XIV. am französischen Hof. Aus dieser Verbindung leitete der französische König seinen Anspruch auf die Pfalz ab. – Aus der Quellenform „Brief" können neben den historisch-politischen sehr persönliche Eindrücke herausgearbeitet werden.

3. Das Zeitalter der Aufklärung

Einführung (vgl. dazu auch Basiswissen S. 7)
Der mittelalterliche Mensch war stark durch christlichen Glauben und überkommene Erfahrungen geprägt. Dagegen setzte seit der Renaissance eine neue Form kritischen Denkens im Kreis Gebildeter ein, das naturwissenschaftliche Erklärungen an die Stelle alter, aber nicht immer richtiger Erkenntnisse setzte. Auslöser dafür waren unter anderem die Entdeckungsreisen, die u. a. auch wissenschaftliche Beweise für bisherige Hypothesen lieferten. Erfindungen, Erforschung von Naturerscheinungen und die Errichtung wissenschaftlicher Institutionen und Schulen gingen mit einem neuen Gesellschaftsbild einher, das in den Köpfen von Philosophen entstand. Die „gottgewollte" Ordnung wurde nun auch im Rahmen der überkommenen Gesellschaftsordnung in Frage gestellt. Die Stellung der Fürsten und die Freiheitsrechte des einzelnen Menschen wurden hinterfragt und neue Antworten gegeben.
Die Aufklärung, wie dieses neue Denken genannt wird, beeinflusste durch eine große Fülle neuer wissenschaftlicher Erkenntnisse und Erfindungen das absolutistische Zeitalter, führte aber auch das politische Selbstverständnis der Herrschenden an seine Grenzen. Die Gedanken der Aufklärung bewirkten letztlich, dass die absolutistische Gesellschaftsordnung nur eine Durchgangsform blieb. Auf der anderen Seite ist das Zeitalter der Industrialisierung, das 19. Jahrhundert, ohne die technischen Entwicklungen der Aufklärung undenkbar.

Didaktische Hinweise
Aufklärerisches Denken hat die politische, gesellschaftliche und technische Entwicklung bis in unsere Zeit vorbereitet. Die Formulierung der Menschenrechte war auf diesem Weg der erste Schritt. Ihre Durchsetzung ist hingegen noch immer nicht vollständig gelungen. Wenn wir von Aufklärung sprechen, ist damit auch die Grundlegung wissenschaftlicher Arbeit gemeint, wie wir sie noch heute kennen. Die Geschichte der Aufklärung sollte daher im Unterricht auch fächerübergreifend erfasst werden, z. B. die Genese von Naturwissenschaften und technischen Entwicklungen aufzeigen.
Einfluss nahm die Aufklärung bereits auf die absolutistischen Herrscher des 18. Jahrhunderts, so dass vom „aufgeklärten" Absolutismus gesprochen wird, dessen Vertreter u. a. Friedrich II. von Preußen und Maria Theresia von Österreich waren. Das vorliegende Kapitel versteht sich daher als Vorbereitung auf diese nachfolgenden Themenbereiche.

E Unterrichtshilfen

Zu den Materialien

Übersicht

Themen	Methoden	Materialien
Beginn modernen Denkens	Textanalyse, Aufgaben	M 3.1
	Textanalyse, Aufgaben, Schaubilderstellung	M 3.2
Fürst und Untertanen	Bildbetrachtung	M 3.3
	Textanalyse, Aufgaben	M 3.4
	Textanalyse, Aufgaben	M 3.5
	Textanalyse, Aufgaben	M 3.6
Wirtschaft	Bildbetrachtung	M 3.7
	Datenübersicht, Aufgaben	M 3.8
	Textanalyse, Aufgaben	M 3.9
	Bildbetrachtung, Aufgaben	M 3.10
	Auswertung einer Statistik	M 3.11
	Textanalyse	M 3.12
	Karteninterpretation, Aufgaben	M 3.13
	Textanalyse	M 3.14
	Bildbetrachtung (Folie in Schwarzweiß), Aufgaben	M 3.15

M 3.1 Neues Denken

Der Begriff „Aufklärung" entstammt einem Gelehrtenstreit zum Thema Zivilehe und kirchliche Eheschließung in der „Berlinischen Monatsschrift" vom Dezember 1783. Auf einen Artikel für die Zivilehe folgte ein Gegenartikel des Berliner Pfarrers Johann Friedrich Zöller, in dem der Begriff auftaucht und durch die Frage: Was ist Aufklärung? vertieft wird. Etwa gleichzeitig schrieben über die Aufklärungsfrage die Philosophen Moses Mendelsohn und Immanuel Kant, dessen Aufsatz „Was ist Aufklärung?" zur grundlegenden Definition der Aufklärung wurde.

Die Texte von Galilei und Descartes stehen als Beispiele für die Auffassung verschiedener Wissenschaftler des 17. Jahrhunderts, alle Menschen an Bildungs- und Erkenntnisprozessen teilhaben zu lassen bzw. wissenschaftliche Erkenntnisse nach überprüfbaren, verständlichen Methoden zu gewinnen, ohne dass der Anschein von Geheimwissenschaft entsteht.

Die Aussagen Kants, Galileis und Descartes können als Ausgangspunkt einer Diskussion über deren heutige Bedeutung dienen.

Lösung der Aufgaben
a) Den Verstand einsetzen, selbst Erkenntnisse gewinnen, sich bilden, Probleme untersuchen/überprüfen.
b) Nicht beachtet werden dabei emotionale Fähigkeiten.
c) Das ist eine Frage der persönlichen Einstellung. Zu bedenken ist jedoch, ob ein ständig zweifelnder Mensch zu befriedigenden Erkenntnissen gelangt.

M 3.2 Neue Auffassungen von Religion und Staat

Der in der Pfalz 1723 geborene, später in Paris lebende Paul Heinrich Dietrich Freiherr von Holbach verfasste die Schrift über Christentum und Religion 1767 unter dem Pseudonym Boulanger. Die Gedankenrichtung Holbachs gilt als kennzeichnend für die Aufklärung.

Die Philosophen der Aufklärung fragten nach den Ursprüngen des Staates und die Entstehung von Herrschaft. Jean Jacques Rousseau, aus Genf stammend, war der Auffassung, dass der einzelne Mensch der ursprüngliche Träger aller politischen Macht sei. Durch den Zusammenschluss einzelner Menschen (Volk) in Form eines „Gesellschaftsvertrags" sei das Gebilde Staat entstanden. Ein Herrscher habe die Staatsgewalt vom Volk übertragen bekommen, wenn dieses die Herrschaft nicht selbst ausüben könne. Daher könne ein Herrscher auch jederzeit vom Volk wieder abgesetzt werden.

Die von dem französischen Adligen Montesquieu 1748 verfasste Schrift „Vom Geist der Gesetze" befasst sich mit den unterschiedlichen Aspekten der politischen Machtausübung. Seine These von der Teilung der Macht in drei Gewalten (Gesetzgebung, Regierung, Rechtsprechung) ist Grundlage für den demokratischen Staat geworden. Die zu diesem Thema gestellten Aufgaben können auch als Grundlage einer Diskussion benutzt werden.

Lösung der Aufgaben
a) Die Religion wird nicht als etwas Unumstößliches hingenommen, sondern auf ihren Sinngehalt, ihre Aufgabe, möglichen Missbrauch und Bedeutung untersucht.

b) Der Mensch gehört nur sich selbst, unterliegt zunächst keinerlei Zwängen und Abhängigkeiten. Grenzen werden ihm nur durch die gleichen Rechte der Mitmenschen gesetzt.
c) Recht auf Leben, Freiheit, körperliche Unversehrtheit.
d) Das Grundgesetz der Bundesrepublik Deutschland regelt die Menschenrechte im Rahmen der sogenannten Grundrechte.
e) Die Unabhängigkeit der Gewalten soll dafür sorgen, dass eine gegenseitige Überwachung und Überprüfung der jeweiligen staatlichen Einrichtungen im Sinne demokratischer Spielregeln ermöglicht werden und so die Rechte des Einzelnen gewahrt bleiben (Schaubild s.o.).
f) Gewalten gibt es auf kommunaler Ebene, in den Ländern und im Gesamtstaat. Dazu gehören die einzelnen Parlamente (Gesetzgeber), die Verwaltungen (Regierung, ausführende Stellen) und die „unabhängigen" Gerichte, die nicht gegenüber den anderen Gewalten weisungsgebunden sind.
g) *Absolutismus*: König **über** Gesetzgebung, Regierung, Rechtsprechung; *Demokratie*: Gesetzgebung (Parlament), Regierung, Rechtsprechung nebeneinander

M 3.3 Einschiffung hessischer Söldner nach Amerika

M 3.4 Handel mit Soldaten

Das Militärwesen (Stehendes Heer/Soldatenwerbung) war ein wichtiges Element des absolutistischen Staates, das einen Großteil des Staatshaushalts verschlang. In Kriegssituationen, z. B. im amerikanischen Unabhängigkeitskrieg, waren diese „Stehenden Heere" oft zu gering an Zahl, so dass die Kolonialmacht England in diesem Fall Soldaten anderer Staaten – ohne deren persönliche Einwilligung – „anmietete". Dieser „Soldatenhandel" war für die Fürsten ein einträgliches Geschäft.
Beispiele: 1687 Vermietung von 1.000 Soldaten durch den Landgrafen von Hessen-Kassel an die Republik Venedig für den Krieg gegen die Türken; 1753 Vermietung von 6.000 Mann an Frankreich durch den Herzog von Württemberg; 1775 Vermietung von 28.875 Mann an England durch Markgraf von Ansbach-Bayreuth, Herzog von Braunschweig, Graf von Hessen-Hanau, Fürst von Waldeck und Fürst von Anhalt-Zerbst. 12.562 deutsche Soldaten fielen in Nordamerika. –
Die Themenbereiche „Menschenrechte" und „Verkauf der eigenen Landeskinder" können an dieser Stelle diskutiert werden. Der Vertragstext (M 3.4) zeigt die besondere Bedeutung von Menschen als eine Ware für den Landesherrn. Der Transport der deutschen Soldaten nach Amerika erfolgte von deutschen Seehäfen, meist von Bremerhaven aus. Die Abbildung (M 3.3), ein zeitgenössischer Kupferstich, zeigt die Verfrachtung der Soldaten nach Amerika.

Lösung der Aufgaben
a) Der Soldatenhandel hatte finanzielle Gründe.
b) Die Grundrechte Art. 2.2 „Freiheit der Person" Art. 4.3 Gewissensfreiheit bei Kriegsdienst, ebenso Art. 12a.
c) In den afrikanischen Militärkonflikten, Afghanistan, Balkan; französische und spanische Fremdenlegion.

M 3.5 Kritik am Fürsten

Trotz der Gedanken der Aufklärung versuchten Fürsten, ihre Rolle als „Landesvater" zu leben, indem sie ihre „Landeskinder" den väterlichen Erziehungsdruck spüren ließen. In der Praxis konnte das geheimdienstliche Verfolgung und Beobachtung, schließlich Inhaftierung zu Besserungszwecken bedeuten, ohne dass ein ordentliches Gerichtsverfahren stattfand. Gerade im Kreis des gelehrten Bürgertums regte sich dagegen Widerstand, wie die Beispiele Schubart und Schiller zeigen. Hier sind auch die Ansätze der späteren bürgerlichen Demokratiebewegung sichtbar. Vergleiche mit den Studentenprotesten der 1968er Bewegung lassen sich am vorliegenden Quellenbeispiel anstellen.

Lösung der Aufgaben
a) Mit der Aufführung des Dramas „Die Räuber" im ausländischen Mannheim verstieß Schiller gegen Anordnungen seines Landesherrn (Herzog von Württemberg). Er wurde daher mit Schreibverbot und Arrest belegt; als Konsequenz flüchtete Schiller nach Mannheim.
b) Ulm war eine freie Reichsstadt. Der Ulmer Bürger war Stadt-Oberamtmann Georgii.
c) Die freie Meinungsäußerung ist im Grundgesetz Artikel 5 und 18 verankert.

M 3.6 Schule in Preußen

Im Gegensatz zur Quelle M 5.4, die einen offiziellen Text darstellt, handelt es sich bei der vorliegenden Quelle aus den Jugenderinnerungen des Karl Friedrich von Klöden um einen erzählenden, autobiographischen Text. Der Augenzeugenbericht beschreibt Schule aus der – späteren – Sicht des Schülers Klöden: Zustand und Ausstattung der Schule, Unterrichtszeiten, Lehrer, Unterricht in einzelnen Fächern, staatliche Überprüfung. – Das vorliegende Material bietet eine geeignete Grundlage für einen Vergleich „Schule Früher und Heute".

Lösung der Aufgaben
a) Ein Großteil der Bevölkerung – vor allem auf dem Lande – sah keinen Nutzen im Besuch einer Schule, denn dadurch gingen die Kinder als Arbeitskräfte in der Landwirtschaft verloren; außerdem kostete der Schulbesuch Geld.
b) Die Unterschiede bestehen in der Unterrichtszeit und dem Fächerkanon.
c) Schulzimmer in Preußisch Friedland: Schlechtes Mobiliar, Ofenheizung, Unrat, Prügelgeräte. Heutiges Schulzimmer: In der Regel Einzel- oder Doppeltische, gereinigter Raum.

d) Da das wirtschaftliche Leben immer stärker verschriftlicht wurde, sollte die Schule den Kindern eine Grundbildung (Lesen, Schreiben, Rechnen, Religion) vermitteln, damit sie das gerade Notwendige für eine spätere Berufsausübung lernten.

M 3.7 Dampfpumpe von Thomas Newcomen, 1711

M 3.8 Erfindungen und Entdeckungen

Die Dampfpumpe Newcomens (Kupferstich von Brighton) ist Vorläufer der Dampfmaschine und damit die wichtigste Erfindung für die Industrialisierung im 19. Jahrhundert. Ihre Wirkungsweise ist anhand der Zeichnung nachvollziehbar. Erkenntnisse über die Bedeutung dieser Erfindung für das Industriezeitalter können im Unterrichtsgespräch gewonnen werden. – Die Liste der Erfindungen/Entdeckungen und Einrichtungen während der absolutistischen Epoche soll beispielhaft für die Moderne sein und kann um weitere Beispiele (Schülerarbeit) ergänzt werden.

Lösung der Aufgaben
a) Einsatz der Dampfpumpe in der Entwässerung bzw. Trockenlegung von Feuchtgebieten.
b) Viele Erfindungen hatten rein wissenschaftliche Bedeutung, einige fanden auch praktischen Einsatz in Landwirtschaft und Gewerbe.
c) Hervorgerufen wurde der Forscherdrang durch neues, auf Weltliches gerichtetes Denken und Infragestellen religiöser oder tradierter Werte und spektakuläre Beweise wie z. B. die „Entdeckung Amerikas".
d) Als eigene Forschungsgebiete emanzipierten sich von der Philosophie die verschiedenen Naturwissenschaften.

M 3.9 Das Wirtschaftssystem des Merkantilismus

Die Wirtschaftsform des Absolutismus ist der Merkantilismus. Dabei handelt es sich um ein staatlich gelenktes System, das der Finanzminister Ludwigs XIV., Colbert, entwickelte. Dazu gehörten eine funktionierende Verkehrsinfrastruktur, ein Schutzzollsystem für Ein- und Ausfuhren, Ausbau von Handel und Industrie (Manufakturen), Kolonien. Das Funktionieren des merkantilistischen Systems beruhte auch auf einer gelenkten Finanzwirtschaft, die möglichst geringe Geldabflüsse ins Ausland vorsah. Als Leitthema einer Diskussion kann an dieser Stelle auch die Bedeutung der Wirtschaftsform Merkantilismus für die Entwicklung der Kolonien (bis heute) aufgegriffen werden.

Lösung der Aufgaben
a) Förderung des Handels unter Ludwig XIV. (als Tafeltext einsetzbar)

– Förderung von Handel und Kaufleuten
– Wiederherstellung und finanzielle Förderung der Manufakturen
– Überprüfung der Zolltarife für Im- und Export
– Finanzielle Unterstützung für die Schifffahrt und große Handelsreisen
– Instandsetzung von Landstraßen
– Abschaffung von Flusszöllen
– Schiffbarmachung von Flüssen
– Schaffung einer Schiffsverbindung vom Atlantik zum Mittelmeer
– Unterstützung der Ost-/Westindischen Handelskompanie

b) Die o. a. Maßnahmen brachten durch Entwicklung einer verbesserten Infrastruktur (Verkehrswege), Ausbau von Produktionsstätten u. a. eine höhere Produktion unter verbesserten Bedingungen (Schutzzölle, billige Rohstoffe, Transport usw.).
c) Nach Colbert sollte die Ausfuhr von Fertigprodukten gefördert, die Einfuhr aber gebremst werden. Die Einfuhr von Rohmaterialien (vor allem aus den eigenen Kolonien) war hingegen zu fördern.
d) Der Canal du Midi von Sète am Mittelmeer zur Garonne bei Toulouse (erbaut 1616 – 1689) und der Garonne-Seitenkanal von Toulouse bis südlich Bordeaux (erbaut 1838).

M 3.10 Nadelherstellung in einem mittelalterlichen Handwerksbetrieb und in einer Manufaktur

Manufakturen waren Organisationsformen einer großgewerblichen Gütererzeugung hauptsächlich während des 17. und 18. Jahrhunderts. Sie bilden den Übergang vom mittelalterlichen Handwerksbetrieb zur industriellen Fertigung in Fabriken. In diesen Großgewerbebetrieben der Frühneuzeit wurde arbeitsteilige Handarbeit unter Verwendung einfacher Maschinen betrieben. Die beiden Kupferstiche bieten Anlass zu vergleichenden Betrachtungen.

Lösung der Aufgaben
a) und b)

Mittelalterlicher Handwerksbetrieb	Frühneuzeitliche Manufaktur
kleiner Arbeitsraum	große Arbeitshalle
wenig Personal	mehr Personal
Handwerkszeug	Handwerkszeug und Maschinen
ganzheitliche Produktion	arbeitsteilige Produktion
Produktion nur in geringen Stückzahlen	Produktion in größeren Stückzahlen
für einen kleinen Markt	für einen größeren Markt
Preise bleiben recht stabil	Preise können gesenkt werden.

Die Liste kann auch als Tafeltext erscheinen.

M 3.11 Löhne und Preise

Die Lohn- und Preisliste wurde nach Pierre Gaxotte, Ludwig XIV. Frankreichs Aufstieg in Europa, erstellt. Eine Aufgabe kann darin bestehen, dass die Schüler Informationen über Löhne der heute noch bestehenden Berufe einholen, ebenso über die Preise der aufgeführten Lebensmittel und einen Vergleich Früher/Heute erarbeiten. Ebenso kann eine Diskussion über Arbeitszeit/Urlaub Früher und Heute erfolgen.

Lösung der Aufgaben
a) Die höchsten Löhne wurden in qualifizierten Handwerksberufen gezahlt.
b) Jahresarbeitszeit ca. 250 Tage im Jahr – ca. 20/21 Tage im Monat.
c) Ein Dachdecker konnte bei 14 Sous Tagesverdienst 1 Pfund Reis, 2 Weißbrote, 1 Pfund Ochsenfleisch kaufen; 5 Sous verblieben dann u. a. für feste Kosten (Miete, Kleidung usw.).

M 3.12 Wirtschaftspolitik unter Friedrich II.

Die Quellen sollen einen Querschnitt absolutistischer Wirtschaftspolitik der Aufklärungszeit bieten: Handel und Gewerbe, Landgewinnung/Flussregulierungen, Landwirtschaft.
Die Regeln für Handel und Gewerbe aus dem „Politischen Testament" Friedrichs II. aus dem Jahre 1752 zeigen, dass der Merkantilismus noch nicht überwunden war. Allerdings hat sich die Erkenntnis durchgesetzt, Einfuhren in eigener Regie und nicht über Fremdhändler und -transporteure durchzuführen, um die daraus hergeleiteten Gewinne selbst zu erwirtschaften. Das bedeutete auch den Einsatz einer eigenen Handelsflotte.

M 3.13 Das Oderbruch um 1740 und heute

Die Textquelle und die Kartenfolge über die Landgewinnung und Flussregulierung im Oderbruch verdeutlicht einerseits den Eingriff in die natürlich gestaltete Umwelt zum Nutzen des Menschen, andererseits die damit verbundenen Gefahren, wie sie das Oderhochwasser von 1997 gezeigt hat. Eine Diskussion um diese Problematik kann zu folgendem Tafeltext führen:

Pro Flussregulierung	Kontra Flussregulierung
Gewinnung von fruchtbarem Ackerland	Natürliche Überschwemmungsgebiete entfallen
Bannung von Überflutungen	Regulierungen führen erst recht zu Überflutungen
Nutzen für die Schifffahrt	Instandhaltung der Anlagen mit hohen Kosten
Platz für Siedlungen/Dörfer	Gefahren für Siedlungen in Flussnähe

M 3.14 Die Einführung der Kartoffel

Die Einführung des Kartoffelanbaus in Preußen durch Friedrich II. zeigt die Schwierigkeiten bei der Durchsetzung politischer Maßnahmen. Die unbekannte Feldfrucht wurde von den Bauern abgelehnt, ihr Anbau boykottiert. Langwierige Aufklärungsarbeit ließ die Kartoffel schließlich zu einem der wichtigsten Volksnahrungsmittel neben dem Getreide werden. Verbunden war damit gleichzeitig eine Veränderung der Nahrungsgewohnheiten vom Brei- und Grütze-Konsum zu den heutigen Formen.

M 3.15 Friedrich II. überwacht die Kartoffelernte
(Folie in Schwarzweiß)

Lösung der Aufgaben
a) Im Prinzip wurde die merkantilistische Wirtschaftsform auch in Preußen – wenn auch verfeinert – beibehalten.
b) Preußen erhielt dadurch neues Siedlungsgebiet in der Größe einer Provinz. Vergleichbar ist die Polderwirtschaft im niederländischen Ijsselmeer.
c) Die Eindeichung der Oder hat die natürlichen Überflutungsbereiche durch Besiedlung zweckentfremdet. Bei extremem Hochwasser überschwemmt der Fluss daher Siedlungsgebiet.
d) Die Kartoffel zählte seit ihrer Einführung in Europa neben Getreide zu den wichtigsten Grundnahrungsmitteln, heute gehört sie nur noch zu einem von vielen Grundnahrungsmitteln weltweit.
e) Das Verständnis für Anbau und Ernte der Pflanze musste erst mühsam vermittelt werden; der Bauernstand verschloss sich traditionell allem Neuen; die Zwangseinführung der Kartoffel durch den Staat ließ aus prinzipiellen Gründen Widerstand entstehen.

E Unterrichtshilfen

4. Absolutismus in England

Einführung (vgl. dazu auch Basiswissen S. 10 f.)
Die Entwicklung der politischen Herrschaft verlief in England anders als auf dem europäischen Kontinent. Hier konnten sich die Könige nur in Ansätzen und nur zeitweise gewisse absolute Rechte aneignen. Ansonsten scheiterten sie gegenüber den bereits gefestigten Ständeversammlungen, dem Parlament, das sich in zwei Kammern (Unterhaus und Oberhaus) schied. 1689 endete mit der Bill of Rights der Absolutismus in England.

Didaktische Hinweise
Der historische Sonderweg Englands während des Zeitalters des Absolutismus zeigt sicherlich Erklärungen für das heutige politische System Großbritanniens und seiner „eigenen" Regierungsform. Die besondere Rolle und Bedeutung des englischen Parlaments und seine eigenständige Stellung gegenüber dem Staatsoberhaupt, der Königin oder dem König, wird aus dieser Phase der Geschichte nachhaltig deutlich. Obwohl die parlamentarische Monarchie des 17. Jahrhunderts noch keine demokratischen Züge im heutigen Sinne enthielt, denn Parlamentsmitglieder waren nur Angehörige der adligen und bürgerlichen Oberschicht, bildete sich eine parlamentarische Tradition mit festen Merkmalen heraus (z. B. Entscheidungsfindung nach langen Debatten).

Zu den Materialien

Übersicht

Themen	Methoden	Materialien
Absolutismus in England, ein Versuch	Textanalyse Textanalyse, Textanalyse Bildinterpretation, Aufgaben	M 4.1 M 4.2 M 4.3 M 4.4
Errichtung einer parlamentarischen Demokratie	Textanalyse Bildinterpretation, Aufgaben Textanalyse, Aktualisierung Multiple choice Aufgaben	M 4.5 M 4.6 M 4.7 M 4.8

M 4.1 Die Rechte des Königs
Jakob I., der Sohn der Maria Stuart, regierte seit 1603 in Personalunion England und Schottland; seit 1604 war er Herrscher von Großbritannien und Irland. Er versuchte aufgrund seiner Machtfülle den Absolutismus in Großbritannien einzuführen. Seine Einstellung zum Ständesystem findet Entsprechungen bei Spaniens König Philipp II. Ein Textvergleich mit M 1.2 bietet sich an.

M 4.2 Das englische Parlament und die Bewilligung der Steuern
Schon seit dem 13. Jahrhundert besaß das englische Parlament das Steuerbewilligungsrecht. Die Könige von Elisabeth I. bis zu Karl V. versuchten dieses Recht dadurch zu unterlaufen, dass sie das Parlament nur selten oder gar nicht einberiefen.

M 4.3 Der Konflikt des Königs mit dem Parlament
Einer Steuerbewilligung für einen Krieg mit Schottland (1640) versagte sich das Parlament. Nach offenem Widerstand von fünf Mitgliedern des Unterhauses veranlasste Karl I. deren Verhaftung während einer Parlamentssitzung. Eine solche Missachtung der Unverletzlichkeit des Parlaments forderte naturgemäß eine Erwiderung in Form einer Parlamentserklärung. Auch heute sind Abgeordnete von Parlamenten besonders geschützt (Immunität).

M 4.4 Die Hinrichtung des Königs

Die Niederlage im Bürgerkrieg gegen das Parlament war eine Niederlage der absolutistischen Herrschaft in England und der Sieg des überwunden geglaubten Ständesystems. Das Todesurteil über den König (Karl I.) durch das obsiegende System ist dafür als Symbol zu werten. Der Königsmord – in seiner Art und im Zustandekommen sicherlich einmalig – wird in diesem Falle scheinbar legalisiert. Die öffentliche Hinrichtung des englischen Königs nimmt eine andere Hinrichtung, nämlich die Ludwigs XVI. von Frankreich, die etwa 150 Jahre später das Ende des französischen Absolutismus symbolisiert, gleichsam vorweg und zeigt, was politischer Radikalismus bewirken kann. – Staatlich sanktionierte Todesurteile haben, wie neueste Beispiele aus den USA zeigen, immer noch Diskussionsbedarf.

Lösung der Aufgaben
a) Jakob I. begründet seinen absoluten Herrschaftsanspruch mit den Rechten seiner Vorgänger, Philipp II. mit der Notwendigkeit uneingeschränkter Pflichterfüllung für die Untertanen.
b) Mit dem Steuerbewilligungsrecht konnten die Stände den Herrscher in politische Bahnen weisen oder unerwünschte Unternehmungen des Königs verhindern.
c) Die Beschlüsse des Parlaments waren dem König nicht immer genehm. Eingriffe in die Rechte der Parlamentsmitglieder waren gleichbedeutend mit einer Rechtsbeschneidung des Parlaments. Daher der Schutzgedanke, der noch heute für Parlamentsmitglieder gilt (Immunität).
d) Die Hinrichtung des Königs hätte zu erneutem Bürgerkrieg zwischen Königs- und Parlamentspartei führen können. Es ist auch denkbar, dass die übrigen europäischen Herrscher den gewaltsamen Tod ihres „Königsbruders" militärisch hätten ahnden können. Offensichtlich hat die isolierte Lage Englands eine solche Möglichkeit nicht aufkommen lassen.

M 4.5 England – eine parlamentarische Demokratie

Das Dokument der „Bill of Rights" von 1689 beendet in der englischen Geschichte die Phase der Versuche, die absolutistische Herrschaft durchzusetzen, und bildet den Beginn der parlamentarischen Monarchie. Die Macht des Parlaments setzt sich endgültig durch, einerseits, indem ein „ausländischer" Herrscher, der mütterlicherseits ein Stuart war, gebeten wird, König zu werden, andererseits, indem diesem die Anerkennung des Parlaments als übergeordnete Instanz abverlangt wird. Der englische König herrscht, regiert aber nicht, d. h. er wird im wesentlichen zum Repräsentanten des Staates. Ein Vergleich mit heutigen Herrschern in Europa kann an die Thematik anknüpfen.

M 4.6 Das englische Parlament

Das englische Staatssiegel von 1651 stellt das Unterhaus während einer Sitzung dar. Es zeigt die noch heute für die Sitzordnung im Unterhaus typischen Merkmale mit dem Speaker in der Mitte und den rechts und links ansteigenden Parlamentssitzen. Die Umschrift lautet: 1651 • IN • THE • THIRD • YEAR • OF • FREEDOME • BY • GODS • BLESSING • RESTORED 1651 • (IM • DRITTEN • JAHR • DER • FREIHEIT • MIT • GOTTES • SEGEN • WIEDERHERGESTELLT). Ähnlich ist das Bild des Oberhauses während einer Parlamentseröffnung durch die Königin (Elisabeth II.) aus dem Jahr 1958. Beide Bildquellen sind zunächst rein optisch zu erschließen. Sie sagen viel über die Traditionen des englischen Parlamentarismus aus, der noch heute historische Symbolik pflegt.

M 4.7 Queen muss Revolution im Oberhaus verkünden

Queen muß Revolution im Oberhaus verkünden

THRONREDE: Erblicher Adel soll Stimmrecht verlieren / Zeremonie wird schlichter

Der Pressebericht der Nachrichtenagentur AP vom 25.11.1998 über die Reformierung des britischen Parlamentssystems soll den Aspekt „Geschichte und Gegenwart" besonders betonen. Dabei steht im Mittelpunkt, die Traditionen des britischen Parlamentarismus mit den heutigen demokratischen Gegebenheiten in Einklang zu bringen. In Form eines Streitgespräches können Für und Wider erörtert werden.

Lösung der Aufgaben
a) Wilhelm III. von Oranien kann nicht ohne das Parlament (Stände) regieren; Ludwig XIV. regiert absolut, d. h. ohne die Stände, jedoch mit Hilfe abhängiger „Berater".
b) Wilhelm III. hatte alle Rechte eines Herrschers, durfte diese jedoch nur in Abhängigkeit vom Parlament ausü-

E Unterrichtshilfen

ben. Die eigentliche Regierung lag also beim Parlament.
c) Englische Regierungsform: Zweikammer-System, König ist zwar Staatsoberhaupt, aber ohne Regierungsbefugnisse.

M 4.8 Zeitalter der Aufklärung/Absolutismus in England
Ergebnissicherung: Multiple-Choice-Aufgaben
Lösung der Aufgaben
1 a und 1 b, 2 a und c, 3 a, 4 b, 5 a, 6 b.

5. Die Herrschaft der Habsburger

Einführung (vgl. dazu auch Basiswissen S. 11 f.)
Das Haus Habsburg herrschte über zahlreiche Länder mit unterschiedlichen Rechtstraditionen und Völkern. Von 1438 bis 1740 trug es auch die Kaiserkrone, weil die deutschen Kurfürsten stets einen Habsburger wählten. Diese Tradition geriet in Gefahr, als Kaiser Karl VI. (1711 – 1740) ohne männliche Nachkommen blieb. Vorsorglich erließ er deshalb 1713 ein Gesetz, das für die habsburgischen Länder auch eine weibliche Thronfolge ermöglichen sollte. Er erreichte, dass fast alle europäischen Mächte diese „Pragmatische Sanktion" anerkannten. Deshalb konnte 1740 Karls Tochter Maria Theresia die Nachfolge ihres Vaters antreten – allerdings nicht als Kaiserin, obwohl sie von den Zeitgenossen und bis heute so genannt wurde und wird. In der Tat war sie es, die alle Regierungsgeschäfte leitete, während ihr Mann, Herzog Franz von Lothringen, neben ihr nur eine bescheidene repräsentative Rolle spielen konnte. Im Reich hatte sich schon im Mittelalter das reine Wahlrecht durchgesetzt, so dass die Kurfürsten keine weiblichen Kandidaten in Betracht ziehen mussten. Deshalb wählten sie 1742 auf preußisches Betreiben den bayerischen Kurfürsten Karl Albert als Karl VII. zum Römischen Kaiser. Dieser hatte die Pragmatische Sanktion nicht anerkannt, weil der selbst – seine Mutter war eine Habsburgerin – Ansprüche auf das habsburgische Erbe erhob. Erst nach seinem Tode 1745 wurde Franz von Lothringen zum Kaiser gewählt. Galt jedoch das Erbrecht, so konnte beim Fehlen eines Sohnes in manchen Ländern – etwa in Großbritannien und Schweden – eine Tochter auf den Thron folgen. Für die habsburgischen Länder allerdings bedeutete die Pragmatische Sanktion die Schaffung neuen Verfassungsrechts. Die habsburgischen Länder besaßen im europäischen Südosten durch das Osmanische Reich (Türken) einen politisch schlecht zu kalkulierenden Nachbarn, dessen Heere die Hauptstadt Wien 1529 und 1683 belagerten. Bis 1718 konnten die Türken auf dem Balkan bis in den Süden Serbiens zurückgedrängt werden. Habsburg weitete dadurch sein Territorium nach Südosteuropa aus; die Grenze zum Osmanischen Reich sicherte eine 50 km tiefe Schutzzone, die „Militärgrenze". Unter Maria Theresia und ihrem Nachfolger, Joseph II., hielten die Grundsätze des aufgeklärten Absolutismus in Wien Einzug. Es kam zu Reformen in den Bereichen Verwaltung, Wirtschaft, Justiz, Schule und Kirche.

Didaktische Hinweise
Das komplizierte staatsrechtliche Problem, das durch die Pragmatische Sanktion entstand, sollte im Unterricht unter dem Aspekt des Geblütsrechtes erörtert werden. Dass es die weibliche Thronfolge gegenüber männlichen Seitenverwandten begünstigt, lässt sich auch an heute noch verbliebenen Monarchien studieren. Im Rahmen von „Geschichte und Gegenwart" spielt die historische Dimension Habsburgs auf dem Balkan eine wichtige Rolle. Folgende Aspekte sollten dabei erörtert bzw. recherchiert werden:
– Aufgaben und Möglichkeiten eines Vielvölkerstaates
– historische Entwicklung des Balkans bis 1914
– Erklärung der heutigen staatlichen Situation auf dem Balkan (Zerfall Jugoslawiens, Bosnien, Kosovo etc.)
Ein weiterer Aspekt des Themas „Absolutismus" könnte sich mit der heutigen Bedeutung der Stadt Wien für den Tourismus befassen.

Zu den Materialien

Übersicht

Themen	Methoden	Materialien
Die Herrschaft der Habsburger	Kartenarbeit, Aufgaben Bildbetrachtung Textanalyse, Aufgaben, Diskussion	M 5.1 M 5.2 M 5.3
Reformen in den habsburgischen Ländern	Textanalyse Bildbetrachtung (Folie in Schwarzweiß), Aufgaben Textanalyse, Aufgaben Textanalyse, Aufgaben, Informationsbeschaffung, Diskussion	M 5.4 M 5.5 M 5.6 M 5.7

Unterrichtshilfen E

M 5.1 Die habsburgischen Länder im 17. und 18. Jahrhundert

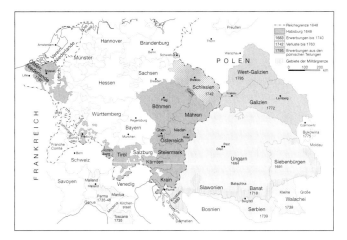

Die Karte zeigt die habsburgischen Kernlande und das Hineinwachsen Österreichs in den europäischen Osten und Südosten. Es entstand ein Reich mit unterschiedlichen Völkern, das bis 1918 existierte. Verbunden mit der Herrschaft über diesen Viel-Völker-Staat waren vor allem ethnische, kulturelle, soziale und wirtschaftliche Probleme, die auch nach Auflösung Österreich-Ungarns 1918 nicht gelöst waren. Vor allem im ehemaligen Jugoslawien schwelen die Konflikte bis heute.
Ein Kartenvergleich bietet sich hier an (mit M 5.5 und M 5.6 in Reihe B, Bd. 1 – Geschichte des Islam). Er führt zu der wichtigen Erkenntnis, dass die heutigen Balkanprobleme durch das habsburgische Vordringen mit verursacht worden sind, vor allem durch die Ansiedlung serbisch-orthodoxer Flüchtlinge in der Militärgrenze.

Lösung der Aufgaben
a) Russland bzw. GUS, Belgien, Schweiz; Staaten mit sprachlichen Minderheiten: Italien, Spanien, Frankreich, Österreich (Kärnten), Polen, Dänemark (Nordschleswig), Deutschland (Südschleswig, Lausitz).
b) Immer Deutsch und Lateinisch; je nach Verwaltungsgebiet auch Ungarisch, Tschechisch, Slowakisch, Polnisch, Kroatisch, Slowenisch, Serbisch, Rumänisch, Italienisch, Französisch oder Flämisch.

M 5.2 Maria Theresia um 1750

Das aus dem Jahr 1750 stammende Gemälde zeigt Maria Theresia in der Mode der Zeit. Sie stützt sich auf ein Zepter und weist dabei auf einen Tisch mit den Würdezeichen ihrer verschiedenen Herrschaftsbereiche hin: ungarische Königskrone, habsburgische Kaiserkrone, österreichische Herzogskrone und böhmischer Kurhut.

M 5.3 Eine Frau als Herrscherin – Maria Theresia
Der Bericht des preußischen Gesandten am Wiener Hof stellt besonders die weiblichen Schwächen der Herrscherin heraus, wie sie ebenso von seinem König, Friedrich II. von Preußen, gesehen wurden. Dieser vertrat die Meinung, Maria Theresia sei politisch bedeutungslos. Sie war in ihrer politischen Funktion, zumindest in Westeuropa, eine einmalige Erscheinung.

Lösung der Aufgaben
a) „Unglück": Die Eroberung Schlesiens durch Friedrich II.; „Geheimnis": Die Ausstrahlung Maria Theresias.
b) Ja; auch er war fasziniert
c) Ergebnis: offen.

M 5.4 Schulgesetze in den habsburgischen Ländern
In den absolutistischen Ländern setzte eine gezielte Schulausbildung der Kinder in der Regel mit dem 6. Lebensjahr ein, dazu wurden auch die Schulpflicht und eine staatlich geförderte Lehrerausbildung eingeführt. Es gelang jedoch nicht sofort, den Schulbesuch – vor allem auf dem Lande – seitens des Staates durchzusetzen. Die rasante Entwicklung und Verschriftlichung in Wirtschaft, Handwerk und Manufakturwesen erforderte zunehmend besser ausgebildetes Personal, das Lesen, Schreiben und Rechnen konnte.

M 5.5 Unterricht in einer österreichischen Knabenschule (Folie in Schwarzweiß)
(Gemälde eines unbekannten Künstlers um 1750.)

Lösung der Aufgaben
a) Schulausbildung wurde als Grundlage eines Staates erkannt, denn Wirtschaft und Verwaltung sind ohne Kenntnis von Lesen, Schreiben und Rechnen nicht möglich.
b) Schulsysteme:

Zur Zeit Maria Theresias	Heutige Zeit
Volksschule	Grundschule
Mittelschule	Sekundarschulen
Normalschule (Lehrerausbildung)	Universität

c) Das Recht auf Bildung gehört zu den Grundrechten.

M 5.6 Der absolutistische Staat übt Toleranz
Maria Theresia und ihr Nachfolger, Joseph II., griffen als „aufgeklärte" Herrscher massiv in die bisherigen Rechte der katholischen Kirche ein, unterstellten sie staatlicher Aufsicht und sicherten 1781 eine freie Religionsausübung

33

E Unterrichtshilfen

zu (Toleranzedikt). Der „Augsburger Religionsfrieden" von 1555, nach dem der Landesherr die Religionszugehörigkeit seiner Untertanen bestimmte, galt nun nicht mehr.

Lösung der Aufgaben
a) Durch die „Aufklärung", die Religion zur Privatsache erklärte.
b) Bestehende Kirchen durften nicht zerstört werden.
c) Durch Artikel 4 des Grundgesetzes.

M 5.7 Eine Verwaltungsreform

Bei der vorliegenden Textquelle handelt es sich um eine Anordnung Josephs II. von 1784 an die Verwaltungsleiter der Departements (Bezirke) über eine striktere Einhaltung der Verwaltungsaufgaben, d. h. um eine Überwachung der staatlichen Verwaltung, wie sie noch heute auf den verschiedenen Ebenen stattfindet. Die kaiserlich-königliche Anordnung ist grob in zwei Teile gegliedert. 1. Die Begründung; 2. Ausführungsbestimmungen.

Lösung der Aufgaben
a) Die (lange) Liste ergibt sich, wenn man die Verordnung „gegen den Strich" liest.
b) Sie arbeitete schwerfällig und wurde von Kompetenzstreitigkeiten gelähmt.
c) Nur die Gesetzestreue des Beamten gewährleistete den Rechtsstaat. Gegen sein Gewissen darf aber auch ein Beamter nicht handeln.
d) Filz meint eine Verbindung und Vermischung von öffentlichen, privaten, wirtschaftlichen und politischen Interessen zu Lasten der Allgemeinheit, ausgeübt von Personen oder Personengruppen mit engen Beziehungsgeflechten zueinander.

6. Aus Brandenburg wird Preußen

Einführung (Vgl. dazu auch Basiswissen S. 13 f.)
Nach dem Dreißigjährigen Krieg gelang es Friedrich Wilhelm, dem „Großen Kurfürst", dem zersplitterten Land durch Reformen (Verwaltung, Heer, Wirtschaft, Ansiedlung von Glaubensflüchtlingen) zu größerer Macht zu verhelfen. Mit der Krönung seines Sohnes Friedrich I. zum König in Preußen (1701) bürgerte sich als neuer Name „Preußen" für den Gesamtstaat der Hohenzollern ein. Der Nachfolger Friedrich Wilhelm I. der „Soldatenkönig", baute ihn zu einem effizienten Beamten- und Militärstaat aus und prägte dadurch nachhaltig das Bild Preußens. Mit Friedrich II., „der Große", gelangte ein Vertreter des aufgeklärten Absolutismus auf den Königsthron, der Wirtschaft, Wissenschaften und Künste förderte und ein modernes Schul- und Gerichtswesen einrichtete. Der Aufstieg Preußens zur zweiten deutschen Großmacht neben Österreich legte den Keim für den Zusammenbruch des Alten Reiches 1806 und den preußisch-österreichischen Dualismus des 19. Jahrhunderts.

Didaktische Hinweise
Der Name Preußen ist noch heute Synonym für einen straff geführten Militär- und Beamtenstaat. Dieser historische Hintergrund veranlasste auch die Alliierten nach dem Ende des 2. Weltkriegs, Preußen als Staat aufzulösen. Nach der „Wende" von 1989 kam vereinzelt der Gedanke zur Wiederbelebung Preußens auf, konnte sich aber nicht durchsetzen. Das absolutistische Preußen beinhaltet jedoch mehr als Militarismus: moderne Verwaltung, Schul- und Gerichtswesen. Nicht zuletzt war mit der ehemaligen preußischen Hauptstadt Berlin auch eine neue Hauptstadtdiskussion Bonn/Berlin verbunden, die zu Gunsten Berlins gelöst wurde. Zu würdigen ist die politische Leistung, einen so dezentralen Staat, wie Preußen ihn darstellte, über Jahrhunderte zusammenzuhalten, ihn sogar zu arrondieren und zu vergrößern.

Zu den Materialien

Übersicht

Themen	Methoden	Materialien
Aufbau und Entwicklung Preußens	Kartenarbeit, Aufgaben	M 6.1
	Textanalyse	M 6.2
	Textanalyse, Aufgaben	M 6.3
	Textanalyse	M 6.4
	Bildbetrachtung, Aufgaben	M 6.5
	Bildbetrachtung	M 6.6
	Textanalyse	M 6.7
	Bildbetrachtung, Aufgaben	M 6.8
Preußen - ein Militärstaat?	Textanalyse, Aufgaben	M 6.9
	Bildbetrachtung	M 6.10
	Textanalyse, Aufgaben	M 6.11
	Ergebnissicherung	M 6.12

Unterrichtshilfen E

M 6.1 Preußen bis 1786

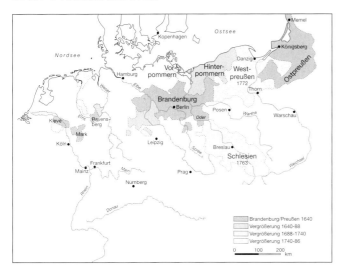

Die Karte stellt die territoriale Entwicklung des Hohenzollern-Staates von Brandenburg zu Preußen in ihrer zeitlichen Entwicklung dar. Dabei wird deutlich, dass einem nach und nach arrondierten Kerngebiet um Kurbrandenburg herum eine Zone exklaver Teilterritorien im Westen gegenübersteht. Für die Verwaltung und staatliche Leitung des Gesamtstaates bedeutete diese territoriale Zersplitterung eine enorme Aufgabe, zu der eine straffe Führung notwendig war.

Lösung der Aufgaben
a) Gebietszuwachs im Westen: Fürstentum Moers, Teil des Herzogtums Geldern, Herzogtum Kleve, die Grafschaften Mark und Ravensberg, Lingen und Mansfeld. Tecklenburg, Ostfriesland, Bistümer Minden, Magdeburg und Halberstadt. Gebietszuwachs im Osten; Hinter- und Vorpommern, Schlesien, Teile des Königreichs Polen.
b) Weite Entfernungen, lange Dauer von Korrespondenzen und Entscheidungen, Gefährdung der Exklaven im Kriegsfall.
c) Bundesländer mit ehemals preußischen Landesteilen: Nordrhein-Westfalen, Niedersachsen, Mecklenburg-Vorpommern, Brandenburg, Sachsen-Anhalt. Auswärtige Staaten: Polen, Russland.

M 6.2 Der Große Kurfürst über das Regieren

Friedrich Wilhelm von Hohenzollern (1640–1688), der Große Kurfürst, sorgte nach dem 30jährigen Krieg für den politischen Aufstieg seines Landes. Durch Zentralisierung der Verwaltung und Einrichtung eines stehenden Heeres schuf er auch die Klammern für das dezentrale Staatsgebiet. Der Textauszug aus seinem „politischen Testament" ist ein typisches Beispiel absolutistischer Politik, bereits zu Lebzeiten dem Nachfolger Ratschläge für die Staatsführung zu erteilen.

M 6.3 Preußen wird Königreich

Die Textquelle ist ein Augenzeugenbericht des Oberhofzeremonienmeisters Johannes v. Besser. Die Krönungsfeierlichkeiten dauerten sechs Monate und verschlangen Unsummen, die weit über die Finanzkraft des Staates hinausgingen. Die Krönungszeremonie im Schloss von Königsberg verband zwei Absichten des neuen Königs miteinander: Er wollte seine Unabhängigkeit gegenüber geistlicher und weltlicher Gewalt zum Ausdruck bringen, deshalb setzte er sich die Krone selbst auf; die Gottesunmittelbarkeit des Herrscheramtes sollte aber dennoch betont werden, weshalb er sich nachträglich kirchlich einsegnen ließ. Mit der Krönung erhielt der gesamte Hohenzollernstaat den Namen „preußische Staaten", der sich als wichtiger Faktor zur Integration des werdenden Staates erweisen sollte.

Lösung der Aufgaben
a) Der besondere Aufwand sollte die hohe Bedeutung der Krönungszeremonie für Preußen selbst, aber auch für die anderen europäischen Staaten deutlich machen. Heutige staatliche Zeremonien: z. B. Vereidigung von Ministern, Staatsoberhäuptern, Großer Zapfenstreich bei der Bundeswehr, Eröffnung des englischen Parlaments durch die Königin.
b) Der neue König wollte seine Unabhängigkeit gegenüber geistlichen und weltlichen Mächten demonstrieren.

M 6.4 Die staatliche Verwaltung in Preußen

Die Instruktion von 1722 hat folgenden Hintergrund: Da es bis zu diesem Zeitpunkt zwei getrennte Verwaltungen gab, eine Militärverwaltung und eine Zivilverwaltung, kam es häufig zu Unstimmigkeiten und sogar zu gegenseitigen Prozessen. Um dieses Durcheinander zu beenden, vereinigte er die beiden zu einer neuen Behörde, dem „General-Ober-Kriegs-Finanz- und Domänendirektorium". Der Quellenauszug zeigt, wie sehr der absolute Monarch auf die Regierung/Verwaltung Einfluss nahm. Die Quelle wurde wegen der eigenwilligen Originalschreibung sprachlich modernisiert.

M 6.5 Das Tabakskollegium König Friedrich Wilhelms I.

Das Ölbild eines unbekannten Malers zeigt die Hofhaltung am preußischen Hof, die zur französischen im krassen Gegensatz stand. Die Tabakrunde des preußischen Königs, eine vom Herrscher eingerichtete Institution mit rauher und derber Geselligkeit, zeigt die Einfachheit und Sparsamkeit der preußischen Staatsführung, erkennbar an der kargen Ausstattung des Raumes. Den einzigen Luxus bildeten Tabakpfeife und Bierhumpen. Friedrich Wilhelm sitzt am Tisch vorne rechts, daneben sein Sohn Friedrich, der spätere Friedrich II. Das Tabakrauchen war seit dem 17. Jahrhundert in Europa bekannt; im 18. Jahrhundert kam zudem das Schnupfen von Tabak auf.

Lösung der Aufgaben
a) Friedrich Wilhelm I. herrschte streng und sparsam, kümmerte sich selbst um jede Kleinigkeit im Staat.
b) Der König wollte seine Behörden kontrollieren können; das war nur bei strikter Reglementierung möglich.
c) In einer reglementierten Verwaltung sind bestimmte Hierarchien und Abläufe festgelegt, die einzelnen Exklaven konnten so, trotz der Dezentralität, besser informiert

E Unterrichtshilfen

und überwacht werden. Frankreich konnte leichter regiert werden, da sein Staatsgebiet nicht zerstückelt war.

M 6.6 Gedenkmünze von 1700

Die um 1700 von R. Faltz gestochene Gedenkmünze diente nicht als Zahlungsmittel, sondern zu Repräsentationszwecken. Die Vorderseite zeigt das Brustbild des Kurfürsten Friedrichs III., des späteren Königs Friedrich I. – Die Rückseite enthält die Inschrift: „ORNAVIT . ET . AUXIT." – darunter „POMOERIIS . AEDIFICIIS . CIVIBUS . ARTIBUS . COMMERCIIS." [Er hat (Berlin) geschmückt und vermehrt mit Befestigungswerken, Gebäuden, Bürgern, Künsten und Handel.] – Der Text bezieht sich auf den Befestigungs- und Stadtausbau, die Errichtung des Zeughauses und den Umbau des Stadtschlosses durch Schlüter und Eosander. Die Bevölkerungszahl Berlins lag um 1709 bei 57.000 Einwohnern.

M 6.7 Über den Ausbau Berlins

Das „Vorratshaus des Mars" weist auf die militärische Ausrichtung des Staates hin; außerdem wird die wirtschaftliche Bedeutung der Waffenproduktion für die Hauptstadt deutlich. Die „holländische Bauweise" entsprach der puritanischen Einfachheit des Königs, während Friedrich II. den Rokokostil schätzte.

M 6.8 Bau der Oranienburger Straße in Berlin 1735

Das Gemälde von D. Daegen ist eine interessante Bildquelle zur Geschichte des Wohnungsbaus und vermittelt Eindrücke zu Baustil von Mietskasernen, Bautechnik und Arbeitsformen am Bau.

Lösung der Aufgaben
a) Die mittelalterliche Anlage von Berlin und Cölln erstreckte sich regelmäßig beiderseits der Spree. Die Doppelstadt und die erste Erweiterung (Friedrichswerder) wurden in der frühen Neuzeit als Festung mit Bastionen und Fortifikationen ausgebaut. Es folgten am Ende des 17. Jahrhunderts regelmäßige schachbrettförmige Stadterweiterungen nach Westen über den Festungsring hinaus – Dorotheenstadt und Friedrichstadt.

b) Für heutige Stadtplanung sind verschiedene Maßstäbe grundlegend, z. B.: kommerzielle, ökologische, verkehrstechnische.
c) Bau 1735: Einfache Maschinen, Einsatz von vielen Menschen und Tieren; Bau heute: Einsatz von Maschinen, weniger Menschen, Fertigbauteile.
d) Es empfiehlt sich, den Abgeordneten oder die Abgeordnete des Wahlkreises, in dem die Schule liegt, zu einem Gespräch einzuladen. Ist dies nicht möglich, sollte um schriftliche Auskunft gebeten werden.

M 6.9 Preußen – ein Militärstaat

Preußen wird auch heute noch als Inbegriff des Militarismus angesehen. Das hat vor allem mit der besonderen territorialen Entwicklung dieses Staates und der damit verbundenen Bedeutung des Heeres zu tun. Die *Formen* des militärischen Lebens sind hingegen nicht typisch preußisch, sondern auch in den Armeen anderer Staaten üblich. Der vorliegende Auszug aus der autobiographischen Beschreibung der preußischen Militärzeit des Schweizers Ulrich Bräker (geb. 1735) erschien 1789 in Zürich unter dem Titel „Lebensgeschichte und natürliche Abentheuer des armen Mannes im Tockenburg". Der Autor, für diese Zeit untypisch, ein Mitglied der unteren Stände, stellt u. a. sehr realistisch die Behandlung einfacher Rekruten im preußischen Militär dar: Spießrutenlauf, Drangsalierung durch Offiziere usw.

Lösung der Aufgaben
a) Bedeutung des Militärs für den preuß. König: Machterhalt, Schutz und evtl. Erweiterung des Staatsgebietes; Bedeutung für die Wirtschaft: Absatz von Waffen, Kleidung, Ausrüstung; Bedeutung für die Bevölkerung: Militärdienst, Steuern, Kriegseinwirkungen.
b) Soldaten wurden „unmenschlich", als „Material" behandelt.
c) Drill bedeutet hier strenges Einüben von – militärischem – Verhalten; gedrillt wurde oft unter Zuhilfenahme von entwürdigenden Maßnahmen, Schikanen. – In der Bundeswehr ist schikanöses Verhalten Vorgesetzter verboten, kommt aber in Ausnahmefällen vor.

M 6.10 Soldatenwerbung

Der aus dem Jahre 1726 stammende Stich über den Ablauf einer Soldatenwerbung zeigt den üblichen Vorgang der Einschreibung zum Militärdienst, die mit Hilfe von Mu-

Unterrichtshilfen E

sik, Alkohol und Handgeldern vor sich ging. Meist ließen sich Männer aus den Unterschichten nur für einen Feldzug anwerben.

M 6.11 Das Hugenottenedikt von 1685
Mit dem sog. Potsdamer Edikt wurde durch die Aufnahme der französischen Glaubensflüchtlinge dringend benötigte Bevölkerung nach Brandenburg geholt, die zudem durch Fachkenntnisse zum Aufbau einer modernen Wirtschaftsstruktur beitrugen. Noch heute gibt es hier Nachfahren dieser Hugenotten, die am Namen erkennbar sind (z. B. Fontane, de Meziere). Die Sprache des Edikts wurde beibehalten.

Lösung der Aufgaben
a) Andere Herrscher setzten die Stände unter Druck oder beriefen sie nicht ein.
b) Friedrich Wilhelm wollte durch die Aufnahme der Hugenotten die Bevölkerungszahlen und die Wirtschaftskraft seines Landes vergrößern.
c) Am Namen.

M 6.12 Die Herrschaft der Habsburger/ Aus Brandenburg wird Preußen
Multiple-Choice-Aufgaben

Lösung der Aufgaben
1 a und b, 2 a und b, 3 b und c, 4 a bis e, 5 a und c, 6 b und c.

7. Barock – Kunststil des Absolutismus

Einführung (Vgl. dazu auch Basiswissen S. 14 f.)
Die Epoche des Absolutismus ist auch geprägt von Kunst- und Moderichtungen, die mit dem Terminus „Barock" belegt sind. Gefördert wurden Architektur, Bildende Kunst, Musik und Mode durch die Fürsten, die bedeutende Künstler an ihre Höfe zogen und dadurch den besonderen Ruf einer Residenz ausmachten: Würzburg, Dresden, Wien oder Berlin. Die rege Bautätigkeit bot auch vielen Handwerkern und Hilfskräften Arbeit und Einkommen.

Didaktische Hinweise
Die Barockarchitektur wird vor allem durch Bildquellen repräsentiert: Schlossbauten (Brühl, Nordkirchen). Stadtplanung (Karlsruhe). Parks (Belvedere), Kirchen (Dresden, Wieskirche) und Bürgerhäuser (Recklinghausen). Durch Unterrichtsgänge sollten auch am Ort und in der Region noch erhaltene Bauten und Anlagen erschlossen werden. Das Thema „Mode" wird durch verschiedene Bildbeispiele, einen Bastelbogen (Anziehpuppen des Rokoko) und eine für diese Zeit typische Kleiderordnung behandelt. Die Musik des Barock soll am Beispiel des Komponisten Händel mit Hilfe typischer Hörbeispiele (Wassermusik, Feuerwerksmusik) dargestellt werden. Hierbei ist jedoch eine fächerübergreifende Zusammenarbeit mit dem Fach Musik anzustreben. Beachtung findet in diesem Zusammenhang auch das Menuett als Beispiel für den zeitgenössischen höfischen Tanz.

Zu den Materialien

Übersicht

Themen	Methoden	Materialien
Der Barockstil	Grundrissanalyse	M 7.1
	Bauplananalyse	M 7.2
	Bildbetrachtung	M 7.3
	Bildbetrachtung	M 7.4
	Bildbetrachtung (Farbfolie), Aufgaben	M 7.5
	Arbeit mit Bastelbogen	M 7.6
Mode in der Barockzeit	Bildanalyse	M 7.7
	Bildanalyse	M 7.8
	Arbeit mit Ausschneidebogen	M 7.9
	Textanalyse, Aufgaben	M 7.10
Musik der Barockzeit	Bildbetrachtung	M 7.11
	Hörbeispiele	M 7.12

E Unterrichtshilfen

M 7.1 Karlsruhe um 1715

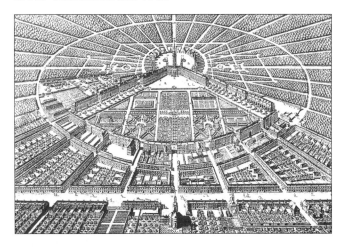

Absolutistische Stadtplanung mit geometrischem Grundriss (vgl. auch Mannheim, Berlin u. a.).

M 7.2 Schloss Augustusburg, Brühl – Grundriss

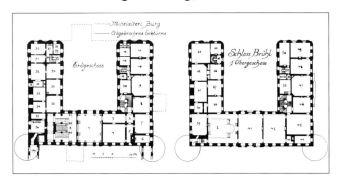

Architekten J. C. Schlaun/F. de Cuvilliés; Bauzeit von 1725-1768.

M 7.3 Garten und Schloss Sanssouci

Bauherr: Friedrich II.; Architekt: G. W. von Knobelsdorff; Bauzeit: 1745–1764 (Sans souci – ohne Sorge)

M 7.4 Schloss Nordkirchen

Sitz der westfälischen Adelsfamilie von Plettenberg. Baubeginn 1703; Architekten: Pictorius u. Schlaun; „Westfälisches Versailles"

M 7.5 Wiederaufbauplan der Frauenkirche in Dresden und Wieskirche/Oberbayern (Farbfolie)

Der Wiederaufbauplan der Dresdener Frauenkirche vermittelt Eindrücke von der Konstruktion einer barocken Kirche. Gleichzeitig entsteht die Frage nach Sinn und Authentizität einer Rekonstruktion einer kriegszerstörten Anlage.
Die Wieskirche ist einer der schönsten Beispiele des süddeutschen Rokoko (Folie 3 in der Medientasche).

Lösung der Aufgaben
a) –
b) Es galt zu repräsentieren, Macht, Ansehen und Finanzkraft zu zeigen.
c) Sie sind wichtige Geschichtsquellen, repräsentativ, oft sehr schön und werden noch genutzt.
d) Die Anlage von Nordkirchen ahmt Versailles stark nach.
e) Abschirmung des Fürsten und Kontrolle des Hofstaats; heute: das Vorzimmer.

Unterrichtshilfen **E**

M 7.6 Ein Barockhaus des 18. Jahrhunderts (Bastelbogen)

Das sog. Rivesche Haus in Recklinghausen ist ein typisches spätbarockes Bürgerhaus, 1780 von dem kurfürstlichen Beamten Joseph Anton Rive erbaut. Bauelemente sind: sandsteingefasste Fenster und Eingang mit Segmentabschluss, Mansarddach mit gemittetem Segmentgiebel, ovales Fenster (Ochsenauge). Für die Arbeit muss die Vorlage vergrößert werden.

M 7.7 Mode: Pariserin in Paradekleid und Kurfürst Clemens August

In diesem Materialteil geht es einerseits um Beschreibung barocker Kleidung, auch um den Vergleich zu heutiger Kleidung, andererseits um die besondere Bedeutung der Kleidung bezüglich der sozialen Zugehörigkeit. Weitere Beispiele zum Modethema finden sich in den übrigen Kapiteln.

M 7.8 Im Park von Schloss Belvedere, Wien

M 7.9 Mode im Rokoko (Ausschneidebogen)

(s. rechte Spalte oben)

M 7.10 Eine Kleiderordnung des Kurfürsten von Köln, 1767

Die vorliegende Kleiderordnung des Kurfürsten von Köln, des Erzbischofs Maximilian Friedrich von Königsegg-Rothenfels war für die kurkölnische Exklave Vest Recklinghausen (im heutigen Ruhrgebiet) bestimmt. Die Einhaltung der Bestimmungen ist hier wie anderswo mehr als

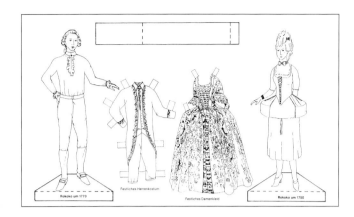

fraglich, da vor allem das aufstrebende Bürgertum seinen Wohlstand auch in der Kleidung zeigen wollte. Kleiderordnungen sind für die Geschichte der Kleidung wichtige historische Quellen, liefern sie doch, wenn auch keine Aussagen über das Aussehen von Kleidungsstücken, Hinweise auf Materialien oder Accessoirs. Der Ausschneidebogen sollte auf festes Papier kopiert werden.

Lösung der Aufgaben
a) Aufgabe ist mit Hilfe der Worterklärungen zu lösen.
b) Die Kleidung ließ Rückschlüsse auf den jeweiligen sozialen Stand zu.
c) Heute ist es nur in Ansätzen möglich, über die Kleidung auf die soziale Stellung eines Menschen zu schließen, obwohl Armut auch weiterhin an der Kleidung erkennbar ist. Allerdings lassen sich mitunter verschiedene Gruppen durch eine bestimmte Bekleidung feststellen.
d) Die Fürsten zielten mit Kleiderordnungen auf die Abgrenzung der Stände ab, hatten aber auch wirtschaftliche Interessen, damit z. B. bestimmte ausländische Produkte nicht eingeführt werden mussten.
e) Öffentliche Bekanntmachungen erfolgten durch Aushang, Ausruf oder von der Kanzel.
f) Z. B. Markenkleidung, Autos, Wohnungen und ihre Einrichtungen.
g) Benutze zur Farbgestaltung der Rokoko-Kleidung vor allem zarte Farbtöne.

M 7.11 Ein Komponist des Barock: Georg Friedrich Händel

M 7.12 Musik der Barockzeit

Ein zentraler Begriff für die höfische Kultur ist das Fest. In ihm konnte das Streben nach einem „Gesamtkunstwerk", in dem alle Künste zusammenwirkten, realisiert werden. Dazu gehörte unbedingt die Musik. Sie erlebte im 18. Jahrhundert eine erste Hochblüte, die vor allem

E Unterrichtshilfen

durch deutsche Komponisten wie Händel und Bach repräsentiert wird. Opern und Konzerte, aber auch die Kirchenmusik in der zahlreichen neu errichteten oder barock umgestalteten Kirchen eroberten bisher unbekannte Dimensionen des musikalischen Ausdrucks.Barocke Musik ist oft sehr effektvoll instrumentiert. Das lässt sich besonders gut an Händels Musik erkennen, die er zu Gartenfesten am englischen Hof schrieb. Bei einer Suite handelt es sich um eine lose gereihte Folge von Tänzen. Deshalb sollten die Schüler am Beispiel des Menuetts aus der „Wassermusik" versuchen, das gesellschaftlich wichtige Element eines höfischen Tanzes zu probieren.Eine Zusammenarbeit mit dem Musikunterricht ist unbedingt anzustreben.

Sowohl von der Wassermusik als auch von der Feuerwerksmusik gibt es relativ viele Tonträger, die leicht zu beschaffen sind.

Lösung der Aufgaben
a) In der Hauptsache sind Violinen, Celli, Oboen, Trompeten, Posaunen, Hörner und die Pauke herauszuhören. Diese Zusammensetzung ist typisch für Barockorchester.
b) Die Tanzbewegungen sind gemessen und als Schreittanz angelegt, wobei sich die Paare nur an den Händen hielten und bewegten. Körperkontakt war verpönt.
c) Die Musik Händels verlangte in der Regel nach Orchestern, wie sie nur an Fürstenhöfen existierten. Zudem wurde durch diese Art der Musik eine feierliche Stimmung erzeugt.
d) Es handelt sich um Musik zu Gartenfesten mit Kahnfahrten und Feuerwerk.

Lesetipps
- *Ch. Blitzer*: Söldner, Diener, Majestäten. Rowohlt Life 37, Reinbek bei Hamburg 1973.
- So lebten sie zur Zeit der Musketiere. Tessloff Verlag, Hamburg o.J.
- *K. Malettke: Jean-Baptiste Colbert.* Aufstieg im Dienste des Königs. Musterschmidt Verlag, Göttingen 1977.
- *R.H. Foerster*: Das Barock-Schloß. Geschichte und Architektur. Du Mont Tb. Köln 1981.
- *G. Ziegler*: Der Hof Ludwigs XIV. in Augenzeugenberichten. Karl Rauch Verlag, Düsseldorf 1964.
- *P. Lahnstein*: Das Leben im Barock. Kohlhammer Verlag. Stuttgart 1975.
- *H.-Ch. Kirsch*: England aus erster Hand. Arena Verlag. Würzburg 1975.
- *R. Federmann*: Russland aus erster Hand. Arena Verlag. Würzburg 1971.
- Zaren, Popen und Bojaren. Rowohlt Life 38. Reinbeck b. Hamburg o.J.
- *P. Carter*: Kampf um Wien. Verlag Thienemann. Stuttgart 1983.
- *H. Schreiber*: Österreich aus erster Hand. Arena Verlag Würzburg 1972.
- *J. Hirschinger*: Nennen Sie das Gerechtigkeit, Sire? Verlag Thienemann. Stuttgart 1978.
- *H. Höflinger*: Der Gefangene des Königs. Friedrich Freiherr von der Trenck. Bertelsmann Verlag. München 1980.
- Der Sonnenkönig. Das Zeitalter Ludwigs XIV. Geschichte mit Pfiff Nr. 6/1984.
- Kleine Sonnen. Geschichte mit Pfiff Nr. 5/1987.
- Pracht und Macht. Geschichte mit Pfiff Nr. 10/1994.

MATERIALIEN

M 1.1 Europa im Zeitalter des Absolutismus (1721)

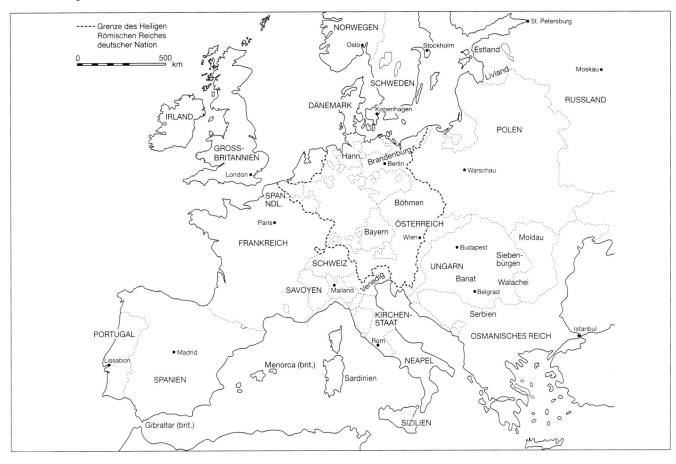

Aufgabe
– Welche europäischen Staaten sind heute noch Monarchien und wie heißen die Staatsoberhäupter?

	Staat	Name des Monarchen/der Monarchin
1.		
2.		
3.		
4.		
5.		
6.		
7.		
8.		
9.		
10.		

MATERIALIEN

M 1.2 Die spanischen Stände und der König
Die Ständevertretungen (Cortes) von Kastilien und Aragon, die aus dem Adel, der hohen Geistlichkeit und Vertretern der Städte bestanden, wandten sich nach Eingriffen Philipps II. (1556–1598) in ihre Rechte 1570 ihn.

Die Cortes von Kastilien schrieben:

> Von den ruhmreichen Vorgängern Eurer Majestät im Königreich ist angeordnet und befohlen durch Gesetze, die in den Cortes gemacht wurden, dass weder neue Abgaben und Steuern … noch andere besondere oder allgemeine Auflagen eingeführt oder erhoben werden dürfen ohne die Versammlung des Königreichs in den Cortes und ohne die Bewilligung seiner Prokuratoren … Laut diesem Gesetz erscheinen nicht nur der Rat und die Meinungsäußerung des Königreichs für die Einführung der genannten neuen Abgaben erforderlich, sondern auch seine Zustimmung. So bitten wir Eure Majestät …, es möchten keine neuen Abgaben oder Steuern auferlegt oder aufgetragen werden, ohne dass das Königreich zusammengerufen und versammelt ist in den Cortes und ohne seine Zustimmung, … und dass die Abgaben und neuen Auflagen, die gegen den Sinn des genannten Gesetzes auferlegt worden sind, aufgehoben werden …, denn es werden sich andere Mittel finden, wie Eurer Majestät geholfen werden kann.

M 1.3 Philipp II. über das Regieren

> Kein Fürst vermag mit eingeschränkten Befugnissen zu regieren … Das Volk ist nicht für den Herrscher da, sondern umgekehrt der Herrscher für das Volk. Seine erste und höchste Pflicht besteht darin, dass er für das ihm anvertraute Volk arbeitet und dafür Sorge trägt, dass es in Ruhe und Frieden, in Gerechtigkeit und Ordnung zu leben vermag, denn dafür wird dem Herrscher schließlich Rechenschaft abgefordert werden.

Aufgaben
a) Warum ließ der spanische König die Rechte der Cortes nicht gelten?
b) Welche Interessen hatte die Ständeversammlung von Kastilien gegenüber dem König?
c) Wie vertrug sich die Regierungsauffassung des spanischen Königs mit den Eingriffen in die Rechte der Stände?
d) Wer wird vom Herrscher Rechenschaft fordern?

M 1.4 Spanien zur Zeit Philipps II. (1556–1598)

MATERIALIEN

M 1.5 Philipp und die Sicherung seiner Macht
Der Gesandte der italienischen Stadt-Republik Florenz berichtete 1587:

> Mit den Untertanen ist er in dieser Weise verfahren, dass er, wohl wissend, dass die Königreiche von Kastilien die Grundlage seiner Macht seien, hier seine Residenz errichtet hat. Daher ist es gekommen, dass die Provinz ... den Nacken gebeugt hat und ihm wirklich unterwürfig und treu geworden ist, was zu Anfang nicht war, als ein Kondestable (Adliger) von Kastilien es wagte, sich Kaiser Karl zu widersetzen. Aber was jener durch die Beschäftigung in den Kriegen nicht gekonnt hat, das hat der Sohn getan, indem er, Stück für Stück, den Großen die Autorität nahm, dadurch, dass er sie ganz den Gesetzen der andern unterwarf und Vergehen bei ihnen ebenso bestrafte wie bei den Niedrigen, so dass die Wildesten, durch diese Schläge zu Boden geworfen, und weil sie nicht in wichtigen Angelegenheiten verwandt wurden, weder Gedanken noch Einfluss hatten, im Augenblick einen Aufstand zu machen. Und die Gegenwart des Königs, begleitet von den Streitkräften der andern Königreiche, ließ auch der Einbildungskraft keinen Raum, an Umsturz zu denken. Außerdem fand er schon mit der Krone verbunden die drei Ritterorden von Santiago, Alcántara und Calatrava, die ihm die Möglichkeit gaben, Diener zu belohnen. Und die Erzbischöfe, so reich, dass sie früher mit den Königen zu wetteifern wagten, heute von ihm ernannt und ausgewählt nicht mehr aus den Vornehmsten und Mächtigsten, sondern aus den Gebildetsten, Ruhigsten und Zuverlässigsten, sie sind diejenigen, die vor allen andern seine Größe lieben und unterstützen.

Worterklärungen:
Königreiche von Kastilien: Altkastilien und Neukastilien
Kondestable: Adliger
Ritterorden von Santiago usw.: In der Zeit der Kreuzzüge gegen die Muslime in Spanien entstandene Gemeinschaften

M 1.6 Der Escorial
Das 1563 in der Nähe von Madrid erbaute Schloss Escorial sollte gleichzeitig Kloster und Grabmal sein. König Philipp II. nutzte nur drei Zimmer des riesigen Palastes: ein Arbeitszimmer, einen Schlafraum und eine Betkammer.

Aufgaben
a) Mit welchen unterschiedlichen Mitteln setzte Philipp II. seine Macht durch?
b) Wie veränderte sich die Regierungsform während der Herrschaft Philipps II.?
c) Erkläre, warum der König das prunkvolle Schloss Escorial selbst nur sehr sparsam nutzte!

MATERIALIEN

M 1.7 Offene Rebellion gegen den spanischen König
Die Unabhängigkeitserklärung der Generalstaaten der Niederlande vom 26. Juli 1581:

> Wie jedermann weiß, ist ein Landesfürst von Gott als Haupt seiner Untertanen eingesetzt, um sie vor allem Unrecht ... zu bewahren und zu beschirmen, wie ein Hirte zum Schutz seiner Schafe. Und es sind nicht die Untertanen von Gott zugunsten des Fürsten geschaffen, um diesem in allem, was er befiehlt ..., untertan zu sein und als Sklaven zu dienen, sondern der Fürst um der Untertanen willen ..., damit er sie nach Recht und Billigkeit regiere, leite und liebe, wie ein Vater seine Kinder, ein Hirte seine Schafe, der Leib und Leben einsetzt, um sie zu beschützen.
> Darum, wenn er dies nicht tut, sondern ... versucht, sie zu unterdrücken ..., ihnen zu befehlen und sie als Sklaven zu gebrauchen, so soll er nicht für einen Fürsten gehalten werden, sondern für einen Tyrannen. Und nach Recht und Billigkeit soll er von seinen Untertanen, besonders durch gesetzlichen Beschluss der Stände des Landes, nicht mehr als Fürst anerkannt, sondern verlassen und ein anderer an seiner Stelle zu ihrem Schutz ohne Missbräuche zum Oberhaupt gewählt werden ... .
> So erklären wir denn jetzt den König von Spanien verlustig jedes Anspruches auf die Herrschaft in den Niederlanden.

M 1.8 Die Niederlande im 16. und 17. Jahrhundert

Aufgaben
a) Auf welche Weise begründeten die abtrünnigen Provinzen ihre Rebellion gegen den König von Spanien?
b) Wie sahen die niederländischen Rebellen den regierenden Fürsten? – Vergleiche diese Einschätzung mit der von Philipp II. (M 1.3)!
c) Wie heißen die Staaten, die sich heute auf dem Gebiet der ehemaligen spanischen Niederlande befinden?

MATERIALIEN

M 2.1 Die Unterdrückung der Stände in Frankreich
Ein Briefwechsel zwischen dem Finanzminister Ludwigs XIV., Colbert, mit dem Intendanten Grignan, einem königlichen Beamten:

Colbert an *Grignan*   27. November 1671
Ich zweifle nicht, dass Seine Majestät sich freuen wird zu hören, dass alle Deputierten der Stände gekommen sind, um sie ihres Eifers und ihres Gehorsams für alle Wünsche Seiner Majestät zu versichern. Man muss sie verpflichten, diese schönen Worte in die Tat umzusetzen, und dann die Ständeversammlung, die der Provinz sehr zur Last fällt, schnellstens zu beenden. – Was die Summe angeht, die Seine Majestät von ihnen fordert, so kann ich Ihnen versichern, dass es angesichts der enormen Ausgaben, die Seiner Majestät für den Krieg zu Lande und zu Meer erwachsen, unmöglich ist, sich mit weniger als 500.000 Livres zu begnügen ...

                                                                                                                                                           4. Dezember 1671
Kurz und gut, der König wünscht, dass Sie energisch mit ihnen reden und ihnen deutlich sagen, wenn ihr Antwortbrief auf diesen meinen Erlass Seiner Majestät nichts Zufriedenstellendes von ihnen bringt, der König seine Befehle schicken wird, um die Versammlung aufzulösen und dann die Entschlüsse zu fassen, die ihm besser für seinen Dienst zu sein scheinen, und den Anteil, den die Provinz an den Lasten des Staates zu tragen hat, auf andere Weise hereinzubekommen als durch die Bewilligung ihrer Deputierten ...

Grignan an *Colbert*   13. Dezember 1671
Sie geben mir zu verstehen, dass der König über ... den Mangel an Ergebenheit der Deputierten der Stände sehr unzufrieden sei. Ich habe sie alle kommen lassen, ihnen den Brief gezeigt und ihnen mit den eindringlichsten Argumenten vorgestellt, welches Unglück sie auf sich und die Provinz herabbeschwören würden, wenn sie sich nicht entschlössen, dem König schleunigst zu bewilligen, was er fordert. Es gibt aber Quertreiber, die den besser Gesinnten vorschwätzen, der König werde sich auch mit 400.000 Livres begnügen ... .

Colbert an *Grignan*   25. Dezember 1671
Ich habe dem König über das fortgesetzt schlechte Betragen der Ständeversammlung der Provence berichtet, und da Seine Majestät nicht länger geneigt ist, dies zu dulden, hat er die nötigen Befehle gegeben, sie nach Hause zu schicken, und zugleich zehn Lettre de cachet zu erlassen, um die zehn am übelsten Gesinnten unter den Deputierten nach Grandville, Cherbourg, St. Malo, Morlaix und Concarneau zu verschicken ... .

Colbert an den *Bischof von Marseille*   31. Dezember 1671
Der König nimmt die 450.000 Livres, die die Ständeversammlung der Provence ihm ... dargebracht hat, an; Seine Majestät ist aber so ungehalten über das Betragen der Deputierten bei dieser Beratung, dass er Befehl gegeben hat, zehn der am übelsten Gesinnten ... zu verbannen ... Seine Majestät dürfte kaum geneigt sein, in Zukunft noch irgendeine Ständeversammlung in der Provence zu gestatten.

Grignan an *Colbert*   10. Januar 1672
Die Deputierten der Ständeversammlung dieser Provinz bereuen es aufrichtig, sich das berechtigte Missfallen des Königs zugezogen zu haben, und haben mich gebeten, um Ihre Fürsprache bei Seiner Majestät zu bitten, und dass sie die Güte haben möchten, ihm vorzustellen, dass die späte und schleppende Bewilligung nur in der Armut der Provinz ihren Grund gehabt habe; die Versammlung verbleibe allezeit bei dem Respekt und dem Gehorsam, den sie den Befehlen des Königs schulde ...

Worterklärungen
Deputierter: Abgeordneter
Livre: bis 1796 französische Währungseinheit (von lat. libra = Pfund)
Lettre de cachet: Königlicher Verhaftungsbefehl

Aufgaben
a) Wie veränderte sich 1672 die Einstellung der Ständeversammlung der Provence?
b) Worin bestand die Macht der Ständeversammlung?
c) Worin bestand die Macht des französischen Königs?
d) Welche Unterschiede sind zwischen den Ständeversammlungen der vorabsolutistischen und der absolutistischen Zeit erkennbar?

MATERIALIEN

M 2.2 Die Rolle des Adels
Über die Stellung des Adels im absolutistischen Staat schrieb der französische Kardinal Richelieu:

> **I.** Der Adel muss disziplinierter werden derart, dass er von neuem seine frühere Reputation erwirbt und sie bewahrt und dem Staat nutzbringende Dienste erweist ... Es gilt hier zwischen Hof- und Landadel zu unterscheiden. Dem Hofadel wird eine wesentliche Erleichterung dadurch zuteil, dass man den Luxus und die unerträglichen Ausgaben beschneidet, die dort allmählich zur Gewohnheit geworden sind ... Was den Landadel anbelangt, so wird er, ohne durch diese Regelung eine derartige Erleichterung zu spüren, da seine Notlage ihm schon von selbst jede überflüssige Ausgabe unmöglich macht, doch ebenso die Wirkung dieses dem Staate so notwendigen Heilmittels empfinden, das ihn vor sicherem Ruin bewahrt.

Worterklärung
Reputation: Ansehen

Der Herzog von Saint-Simon konnte aufgrund seiner eigenen Erfahrungen bei Hofe eine Begründung für den Hofdienst des Adels geben:

> **II.** Alle Welt wurde allmählich dazu gebracht, in den Dienst des Königs zu treten und dadurch zur Vergrößerung des Hofes beizutragen. Dies war einer der Wege, den Adel um seine Bedeutung zu bringen und an die Gleichheit zu gewöhnen. Unter dem Vorwand, dass jeglicher Militärdienst ehrenvoll und es daher folgerichtig sei, dass man zuerst zu gehorchen lernen müsse, wenn man nachher zu befehlen habe, wurde alles einer gleichmäßigen dienstlichen Ausbildung unterworfen. So geriet langsam jede persönliche und auf Abstammung gegründete Unterscheidung in Vergessenheit. Besonders der Hofdienst trug dazu bei, dass der Despotismus groß werden konnte.

Aufgaben
a) Wie veränderte sich die Stellung des Adels im Absolutismus?
b) Welche Bedeutung hatte dabei der königliche Hof?
c) Worin wandelte sich die Selbsteinschätzung des Adels?

M 2.3 Ludwig XIV.

MATERIALIEN

M 2.4 Die Rolle des Königs
Ludwig XIV. über den idealen Herrscher:

> Wie schön ist es, wenn man es verdient, dass sie einen nicht nur als ihren Herrn, sondern auch als ihren Vater betrachten! Mögen wir auch kraft unserer Abstammung ihre Herren sein, darf doch unser Ehrgeiz kein schöneres Ziel kennen, als von ihnen Vater genannt zu werden.

Bossuet, der Erzieher des französischen Thronfolgers, über Ludwig XIV.:

> Wir haben schon gesehen, dass jede Gewalt von Gott kommt … . Die Fürsten handeln also als Gottes Diener und Statthalter auf Erden … . Aus alledem ergibt sich, dass die Person der Könige geheiligt ist, wer sich an ihnen vergeht, begeht ein Sakrileg … . Die königliche Gewalt ist absolut. …

Der Arbeitstag Ludwig XIV.

> Ich habe es mir zum Gesetz gemacht, regelmäßig zweimal am Tag zu arbeiten, jedesmal zwei oder drei Stunden mit jeweils verschiedenen Mitarbeitern, nicht gerechnet die Stunden, wo ich allein tätig war, oder die Zeit, die ich von Fall zu Fall über das gewöhnliche Maß hinaus für besondere Geschäfte verwendet habe … . Ich wollte die oberste Leitung ganz allein in meiner Hand zusammenfassen …

Worterklärungen
Sakrileg: Vergehen gegen Heiliges
absolut: losgelöst

Aufgaben
a) Warum ließ sich Ludwig XIV. auf diese Weise darstellen?
b) Womit demonstrierte Ludwig im Bild seine Macht?
c) Welche Anforderungen stellte Ludwig XIV. an sich selber?
d) In welcher Rolle sah sich der französische König?
e) Welches Verhältnis bestand nach damaliger Ansicht zwischen Herrschern und Gott?

M 2.5 Regierung im absolutistischen Staat
Ludwig XIV. schrieb in seinen Memoiren:

> … Es war also nötig, mein Vertrauen und die Ausführung meiner Befehle zu teilen, ohne sie einem ganz und ungeteilt zu geben, indem man den verschiedenen Personen verschiedene Angelegenheiten gemäß ihren besonderen Fähigkeiten übertrug. Dies ist vielleicht das erste und wichtigste, was ein Herrscher können muss …
> Ich bin über alles unterrichtet, … weiß jederzeit über Stärke und Ausbildungsstand meiner Truppen und über den Zustand meiner Festungen Bescheid, gebe unverzüglich meine Befehle zu ihrer Versorgung …
> Ich regle Einnahmen und Ausgaben des Staates und lasse mir von denen, die ich mit wichtigen Ämtern betraue, persönlich Rechnung legen …

Aufgaben
a) Auf welche Weise regierte Ludwig XIV. absolut?
b) Fertige mit Hilfe des Textes und der Bausteine ein Schaubild über den Staatsaufbau im Absolutismus an!

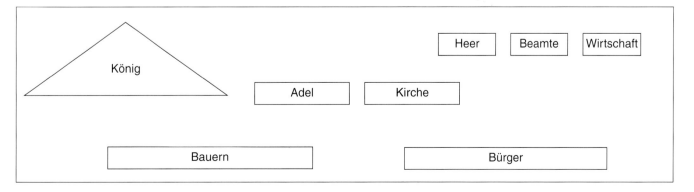

MATERIALIEN

M 2.6 Die Bevölkerung Frankreichs um 1780

Geistlichkeit	200.000
Adel	78.000
Soldaten	350.000
Offiziere, Beamte	300.000
Wissenschaftler, Juristen, medizinische Berufe	95.000
Bürger, Finanzleute, Groß- und Einzelhändler, Künstler	4.000.000
Spannfähige Bauern	2.130.000
Weinbauern, nicht spannfähige Bauern	4.500.000
Handarbeiter und Tagelöhner	10.000.000
Gesinde, Dienerschaft	1.954.000
Gesamtbevölkerung	23.607.000

Aufgaben
a) Wie hoch waren die Anteile der einzelnen Stände (Geistlichkeit / Adel / Bürger + Bauern)?
b) Berechne die Bevölkerungsanteile in Prozent und fertige ein Säulendiagramm an (4 % = 1 cm)!

MATERIALIEN

M 2.7 Das Schloss von Versailles: Grundriss und Gemälde
Das Schloss von Versailles ließ der französische König Ludwig XIV. zwischen 1668 und 1689 an der Stelle eines bescheidenen Landsitzes errichten und verlegte im Jahr 1682 seinen Regierungssitz von Paris hierher.

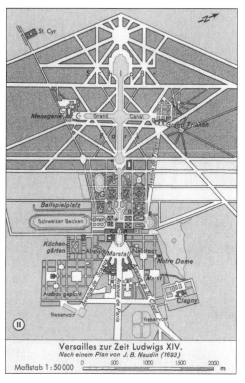

Aufgaben
a) Welchen Zwecken sollte ein so prachtvolles Schloss wie Versailles dienen?
b) Aus welchem Grund ließ Ludwig XIV. seinen Regierungssitz außerhalb von Paris errichten?
c) In welche Bestandteile kann die Residenz Versailles gegliedert werden?
d) Erkläre anhand des Plans von Schloss Versailles, dass es sich um ein Symbol der absolutistischen Herrschaft handelt!

MATERIALIEN

M 2.8 Das Leben am Hof
Das Hofleben war von Ritualen und Zeremonien geprägt. Dazu gehörte auch das „lever" des Königs:

> Gewöhnlich um 8 Uhr, jedenfalls zu der Zeit, die er selbst bestimmt hat, wird der König morgens geweckt, und zwar von dem Ersten Kammerdiener, der zu Füßen des königlichen Bettes schläft. Die Türen werden den Kammerpagen geöffnet. Einer von ihnen hat inzwischen bereits den ... Großkämmerer und den Ersten Kammerherrn benachrichtigt, ein zweiter die Hofküche wegen des Frühstücks, ein dritter stellt sich an der Tür auf und lässt nur die Herren eintreten, die das Vorrecht des Eintritts haben ...
> Die ersten beiden Gruppen wurden zugelassen, wenn der König noch im Bett war. Dabei trug der König eine kleine Perücke; er zeigte sich niemals ohne Perücke, auch dann nicht, wenn er im Bett lag. Wenn er aufgestanden war und der Großkämmerer mit dem Ersten Kammerherren ihm die Robe hingelegt hatten, rief man die folgende Gruppe ...
> Wenn der König die Schuhe übergezogen hatte, verlangte er die officiers de la chambre ...
> Der König nahm seine Robe. Der maître de la garderobe zog das Nachthemd beim rechten Ärmel, der Erste Diener der Garderobe beim linken; das Taghemd wurde von dem Großkämmerer oder von einem der Söhne des Königs, der gerade anwesend war, herbeigebracht. Der Erste Kammerdiener hielt den rechten Ärmel, der erste Diener der Garderobe den linken. so zog der König das Hemd an. Darauf erhob er sich von seinem Fauteuil und der maître de la garderobe half ihm die Schuhe befestigen, schnallte ihm den Degen an die Seite, zog ihm den Rock an, usw. usw.
> War der König fertig angezogen, betete er kurz ... Inzwischen wartete der ganze Hof bereits in der großen Galerie ...

Worterklärungen
lever: Morgenempfang am Hof (wörtlich: Aufstehen)
officiers de la chambre: Kammeroffiziere
maître de la garderobe: Garderoben-Meister
Fauteuil: Lehnsessel

M 2.9 Spaziergang im Park von Versailles

Aufgaben
a) Stelle die verschiedenen Hofämter zusammen!
b) Welche Bedeutung hatten aufwendige Zeremonien für den Staat des Absolutismus?
c) Warum war eine Szene, wie sie im Park von Versailles zu sehen ist, nur bei Hofe möglich?

MATERIALIEN

M 2.10 Die Kriege Ludwigs XIV.

1688 ließ Ludwig XIV. seine Heere in die Pfalz einmarschieren, um seine Rechtsansprüche auf dieses Land geltend zu machen. Die Frau seines Bruders, Liselotte, war nämlich die Schwester des verstorbenen pfälzischen Kurfürsten.

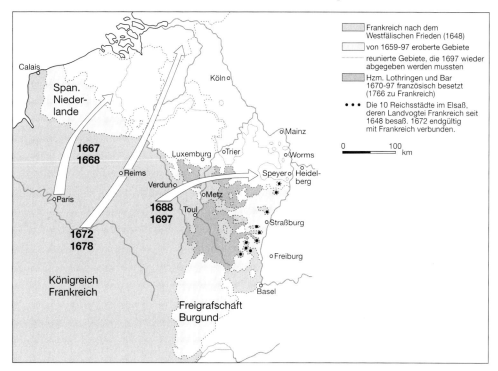

M 2.11 Liselotte von der Pfalz über die Kriege

10. Nov. 1688
… Und was noch meine Unlust vermehrt, ist, dass ich alle Tage hören muss, wie man sich präpariert, das gute Mannheim zu brennen und zu bombardieren, welches der Kurfürst, mein Herr Vater selig, mit solchem Fleiß hat bauen lassen …

20. März 1689
Kaum hatte ich mich über des lieben Carlutz (ein Verwandter) Tod ein wenig erholt, so ist das schreckliche und erbärmliche Elend in der armen Pfalz angegangen, und was mich am meisten daran schmerzt, ist, dass man sich meines Namens gebraucht, um die armen Leute ins äußerste Unglück zu stürzen … alle Nacht, sobald ich ein wenig einschlafe, deucht mir, ich sei zu Heidelberg oder zu Mannheim und sähe die Verwüstungen, und dann fahre ich im Schlaf auf …

M 2.12 Die Zerstörung der Reichsstadt Worms 1689

Aufgaben
a) Aus welchen Gründen/Ursachen entstehen Kriege?
b) Welche anderen Möglichkeiten sind dazu geeignet, zwischenstaatliche Konflikte zu lösen?

MATERIALIEN

M 2.13 Absolutismus in Spanien und Frankreich

1. Im 16. Jahrhundert setzte sich in Spanien eine neue Form von Herrschaft durch, der Absolutismus. Wie gelangte der spanische König Philipp II. zu unumschränkter Macht?
   a) Er unterdrückte die einflussreichen Stände und setzte das Militär gegen sie ein. ( )
   b) Der spanische König berief die Generalstände nicht mehr ein. ( )
   c) Der Adel erhielt mehr Rechte. ( )

2. Die zu Spanien gehörigen nördlichen Niederlande erklärten 1581 ihre Unabhängigkeit gegenüber dem Mutterland. Was waren die Gründe?
   a) Glaubensgründe ( )
   b) Wirtschaftliche Gründe ( )
   c) Ethnische Gründe ( )
   d) Unterschiedliche Sprache ( )

3. Auf welche drei „Säulen" konnte Ludwig XIV. von Frankreich seine Herrschaft stützen?
   a) Beamtenschaft ( )
   b) Die Residenz in Versailles ( )
   c) Stehendes Heer ( )
   d) Prunkvolles Hofleben ( )
   e) Kriege ( )

4. Das Schloss von Versailles war:

	richtig	falsch
a) Markantes Beispiel des Baustils Renaissance	( )	( )
b) Arbeitsplatz für viele Menschen	( )	( )
c) Mitverantwortlich für den wirtschaftlichen Ruin Frankreichs	( )	( )

5. Welche Bedeutung hatten die Kriege Ludwigs XIV. für Frankreich?
   a) Die Grenzen konnten bis zum Rhein ausgedehnt werden und sicherten das Land besser. ( )
   b) Die Niederlande wurden selbständig. ( )
   c) Ludwig XIV. erhielt durch die Kriegssiege den Beinamen „Sonnenkönig". ( )

MATERIALIEN

M 3.1 Neues Denken

> **Berlinische Monatsschrift.**
>
> **1784.**
>
> Zwölftes Stük. December.
>
> ---
>
> 1.
>
> **Beantwortung der Frage:**
> **Was ist Aufklärung?**
>
> (S. Decemb. 1783. S. 516.)
>
> Aufklärung ist der Ausgang des Menschen aus seiner selbst verschuldeten Unmündigkeit. Unmündigkeit ist das Unvermögen, sich seines Verstandes ohne Leitung eines anderen zu bedienen. Selbstverschuldet ist diese Unmündigkeit, wenn die Ursache derselben nicht am Mangel des Verstandes, sondern der Entschließung und des Muthes liegt, sich seiner ohne Leitung eines andern zu bedienen. Sapere aude! Habe Muth dich deines eigenen Verstandes zu bedienen! ist also der Wahlspruch der Aufklärung.
>
> Faulheit und Feigheit sind die Ursachen, warum ein so großer Theil der Menschen, nachdem sie die Natur längst von fremder Leitung frei gesprochen

Der italienische Gelehrte Galileo Galilei schrieb 1632:

> Jeder soll meine Briefe und Abhandlungen lesen können. Viele studieren ohne Neigung, und viele Begabte können nicht studieren, weil sie kein Latein können und sich nun einreden, jene dicken Wälzer enthielten die Wahrheit. Sie sollen wissen, dass die Natur, die ihnen nicht minder als den Gelehrten die Augen gegeben hat, um ihre Werke zu sehen, ihnen auch den Verstand verliehen hat, um sie zu begreifen und fassen zu können.

Der französische Mathematiker René Descartes (Cartesius) formulierte 1637 folgende Regeln:

> Die erste ist: Niemals eine Sache als wahr anzunehmen, die ich nicht als solche sicher und einleuchtend erkennen würde, d.h. sorgfältig die Übereilung und das Vorurteil zu vermeiden und in meinen Urteilen nur so viel anzunehmen, wie sich mir so klar und deutlich zeigt, dass ich gar keine Möglichkeit hätte, daran zu zweifeln.
> Die zweite: Jedes der Probleme, die ich untersuchen würde, in so viele Teile zu zerlegen wie möglich und zur besseren Lösung wünschenswert wäre.
> Die dritte: Meine Gedanken zu ordnen; zu beginnen mit den einfachsten und fasslichsten Gegenständen und aufzusteigen allmählich und gleichsam stufenweise bis zur Erkenntnis der kompliziertesten …
> Und die letzte: Überall so vollständige Aufzählungen und so umfassende Übersichten zu machen, dass ich sicher wäre, nichts auszulassen.

Aufgaben
a) Auf welche Möglichkeiten des Menschen zielen die Aussagen der drei Wissenschaftler?
b) Welche Fähigkeiten des Menschen werden hierbei nicht hinzugezogen?
c) Ist es angebracht, jegliche Erkenntnisse in Zweifel zu ziehen?

MATERIALIEN

M 3.2 Neue Auffassungen von Religion und Staat
Vom neuen Gedankengut waren Religion, Staat und Fürsten nicht ausgenommen. Starke Kritik wurde an der Religion geübt:

> **I.** Es scheint, dass die Religion überall nur dazu erfunden worden ist, den Herrschern die Mühe zu ersparen, gerecht zu sein, gute Gesetze zu geben und gut zu regieren. Die Religion ist die Kunst, die Menschen zu berauschen, indem sie dieselben mit Verzücken erfüllt, und sie davon abzuhalten, sich Gedanken zu machen über alles Übel, mit dem ihre Regenten sie hienieden überhäufen ...

Die Stellung der Fürsten als von Gott eingesetzt wurde von einigen Philosophen der Zeit angezweifelt. Jeder Mensch besitze von Geburt an natürliche Rechte, die ihm auch kein Herrscher nehmen könne. Der französische Denker der Aufklärung Jean Jacques Rousseau erklärt dazu in seinem Werk „Der Gesellschaftsvertrag":

> **II.** Der Mensch wird frei geboren, und überall ist er in Ketten ... . Solange ein Volk gezwungen wird zu gehorchen und gehorcht, so tut es wohl; sobald es aber das Joch abwerfen kann und es abwirft, so tut es besser ... Rechtmäßige Gewalt kann nur auf einer Übereinkunft der Menschen gründen ... . Auf seine Freiheit verzichten, heißt auf seine Menschheit, die Menschenrechte, ja selbst auf seine Pflichten verzichten. Wer auf alles verzichtet, für den ist keine Entschädigung möglich. Eine solche Entsagung ist mit der Natur des Menschen unvereinbar.

Es wurden auch Theorien entwickelt, wie die Macht in einem Staat neu verteilt werden könnten. Hierzu machte unter anderem der Franzose Charles de Montesquieu Vorschläge:

> **III.** Die politische Freiheit des Bürgers besteht darin, dass er keine Angst hat und Vertrauen zu seiner Sicherheit hat. Damit man diese Freiheit hat, muss die Regierung so eingerichtet sein, dass ein Bürger den andern nicht zu fürchten braucht. In jedem Staat gibt es drei Arten von Gewalt: die gesetzgebende Gewalt, die vollziehende Gewalt und die richterliche. Wenn in derselben Person die gesetzgebende Gewalt mit der vollziehenden vereinigt ist, gibt es keine Freiheit ... . Es gibt ferner keine Freiheit, wenn die richterliche Gewalt nicht von der gesetzgebenden und vollziehenden getrennt ist.

Aufgaben
a) Warum gehört die Kritik an der Religion zwangsläufig zum Gedankengut der Aufklärung?
b) Was bedeutet der Satz, dass der Mensch frei geboren ist?
c) Welche „natürlichen" Rechte hat der Mensch? – Nenne einige!
d) Wie geht das Grundgesetz der Bundesrepublik Deutschland auf die Menschenrechte ein?
e) Warum sollten in einem Staat die „Gewalten" unabhängig voneinander sein?
f) Nenne Beispiele für „Gewalten" in unserem Staat! Sind sie voneinander getrennt?
g) Fertige mit den Symbolen ein Schaubild an, das die Gewalten im absolutistischen und im demokratischen Staat einander gegenüberstellt!

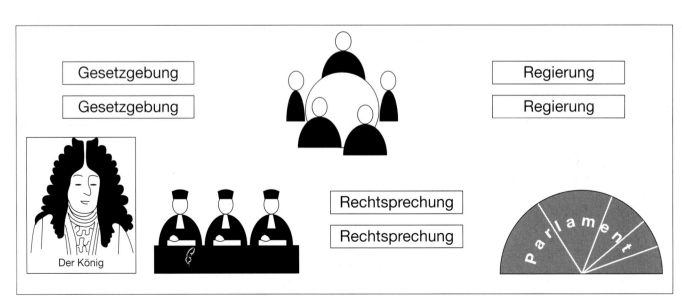

MATERIALIEN

M 3.3 Einschiffung hessischer Söldner nach Amerika

M 3.4 Handel mit Soldaten: Vertrag mit dem Fürsten von Waldeck vom 20. April 1776.
Der Ausbruch des amerikanischen Unabhängigkeitskrieges (1775 – 1783) hatte militärische Gegenmaßnahmen zur Folge. Die englischen Truppenkontingente reichten jedoch zur Niederschlagung des Aufstands bei weitem nicht aus. Daher schloss England mit deutschen Fürsten (Braunschweig, Hessen-Kassel, Hanau, Waldeck, Brandenburg-Ansbach) Verträge über die Gestellung von Soldaten ab, die in Amerika gegen die aufständischen Siedler zum Einsatz kamen.

---

1. Der durchlauchtigste Fürst tritt Seiner Britannischen Majestät ein Korps von 670 Mann Infanterie ab, das zur vollständigen Verfügung des Königs von Großbritannien stehen wird zwecks Verwendung in seinem Dienst in Europa und Nordamerika, auf gleicher Basis wie die anderen deutschen Truppen ...
2. Der durchlauchtigste Fürst verpflichtet sich, das Korps vollständig auszurüsten, so dass es am 6. Mai dieses Jahres oder später marschbereit ist. Es wird am Einschiffungsort von dem Beauftragten Seiner Britannischen Majestät besichtigt werden.
3. Der durchlauchtigste Fürst verpflichtet sich, die jährlich notwendig werdenden Rekruten zu liefern. Sie werden dem Beauftragten Seiner Britannischen Majestät fertig ausgebildet und vollständig ausgerüstet übergeben werden. Seine Hoheit wird alles in seinen Kräften Stehende tun, dass alles zu der von Seiner Majestät festgesetzten Zeit am Einschiffungshafen eintrifft...
7. Der König gewährt dem Korps den ordentlichen und außerordentlichen Sold sowie alle Zuwendungen an Futter, Verpflegung, Winterquartieren, Erfrischungen etc., wie sie die Königlichen Truppen erhalten .... Die Kranken und Verwundeten des Korps werden in den Königlichen Lazaretten versorgt und in dieser Hinsicht wie die Truppen Seiner Britannischen Majestät behandelt werden. Die nicht mehr dienstfähigen Verwundeten werden nach Europa gebracht, in einem Weserhafen ausgeschifft und auf Kosten des Königs in ihre Heimat zurückgeschickt werden.
8. Als Aushebungsgebühr werden Seiner Hoheit für jeden Infanteristen und Kanonier 30 Taler gezahlt ...
9. Wie üblich werden drei Verwundete für einen getöteten Mann gerechnet. Ein Gefallener wird entsprechend der Aushebungsgebühr vergütet. Sollte eine Kompanie des Korps ganz oder teilweise aufgerieben werden ..., so wird Seine Majestät der König von Großbritannien die Kosten für die notwendigen Ersatzmannschaften zahlen ...
10. ... Das Korps wird seiner Britannischen Majestät den Fahneneid leisten, unbeschadet des Eides, den es seinem Souverän bereits geleistet hat ...
13. Seine Britannische Majestät gewährt dem durchlauchtigsten Fürsten während der ganzen Zeit, wo das Korps im Sold Seiner Majestät steht, eine jährliche Subsidie von 25.050 Talern ...

Worterklärungen
Korps: militärischer Verband
Infanterie: Waffengattung der Landstreitkräfte
Kompanie: kleinste militärische Einheit, zwischen 100 und 200 Mann
Subsidie: Hilfszahlung

Aufgaben
a) Aus welchen Gründen vermieteten Fürsten im 18. Jahrhundert vermutlich ihre „Landeskinder" als Soldaten ?
b) Gibt es im Grundgesetz der Bundesrepublik einen Artikel, der dazu passt?
c) Gibt es heute noch ähnliche Erscheinungen des Söldnerwesens?

MATERIALIEN

M 3.5 Kritik am Fürsten
Der württembergische Dichter und Publizist Christian Daniel Schubart (1739–1791) wurde wegen kritischer Gedichte gegen den Herzog von Württemberg 1773 des Landes verwiesen. Als Herausgeber einer Zeitung in der Reichsstadt Ulm führte er jedoch seine Kritik gegen öffentliche Zustände und den Fürstenstand fort, so dass Herzog Karl Eugen von Württemberg ihn verhaften und ohne Prozess von 1777–1787 auf der Festung Hohen-Asperg inhaftieren ließ.

Herzoglicher Erlass an den Kloster-Oberamtmann Scholl Blaubeuren

Dem Klosters Oberamtmann Scholl zu Blaubeuren wird nicht unbewusst sein, wie vor einigen Jahren der in Ludwigsburg angestellt gewesene Stadtorganist Schubart teils um seiner schlechten und ärgerlichen Aufführung willen, teils wegen seiner sehr bösen und sogar gotteslästerlichen Schreibart auf untertänigsten Antrag des Herzoglichen Geheimen Rats und Consistorii seines Amtes entsetzt und von dort weggejagt worden. Dieser sich nunmehr zu Ulm aufhaltende Mann fährt bekanntermaßen in seinem Geleise fort und hat es bereits in der Unverschämtheit so weit gebracht, dass fast kein gekröntes Haupt und kein Fürst auf dem Erdboden ist, so nicht von ihm in seinen herausgegebenen Schriften auf das freventlichste angetastet worden, welches Se. Herzogl. Durchlt. schon seit geraumer Zeit auf den Entschluß gebracht, dessen habhaft zu werden, um durch sichere Verwahrung seiner Person die menschliche Gesellschaft von diesem unwürdigen und ansteckenden Gliede zu reinigen. Sich dieserwegen an den Magistrat zu Ulm zu wenden, halten Höchstdieselbe für zu weitläufig und dürfte vielleicht den vorgesetzten Endzweck gänzlich verfehlen machen; wohingegen solcher am besten dadurch zu erreichen wäre, wenn Schubart unter einem scheinbaren oder seinen Sitten und Leidenschaften anpassenden Vorwande auf unstreitig Herzogl. Württembergischen Grund und Boden gelockt und daselbst sofort gefänglich niedergeworfen werden könnt.

Se. Herzogl. Durchlt. senden zu diesem Ende den Oberstwachtmeister und Flügel Adjutanten von Vahrenbühler eigens nach Blaubeuren ab, um sich mit dem Kammerherrn und Oberforstmeister Grafen von Sponeck, dem Stadt-Oberamtmann Georgii und dem Klosters Oberamtmann Scholl in der Sache über die schicklichsten Mittel mündlich zu beratschlagen, und solche sodann nach dem einmal festgesetzten Plan, wo möglich Höchstdero gnädigstem Willen gemäß, auszuführen, indem der Major von Vahrenbühler wegen des Weitern bereits die nötige Verhaltungsbefehle hat. Gleichwie aber die gute Ausführung dieses gnädigsten Auftrags hauptsächlich auf der strengsten Geheimhaltung des Ganzen beruhet; also wollen auch Se. Herzogl. Durchlaucht sich zu ihm, Oberamtmann Scholl, in Gnaden versehen, derselbe werde hierinnen, so lieb ihm Höchstdero Herzogl.Huld und Protection nur immer sein kann, das unverbrüchlichste Stillschweigen gegen jedermann beobachten und überhaupt nach seinen teuren Pflichten klug und behutsam zu Werke zu gehen sich nach Kräften bestreben.

Worterklärungen
Consistorium: Oberste evangelische Kirchenbehörde in Württemberg
Se. Herzogl. Durchlt.: Seine Herzogliche Durchlaucht = Anrede für Fürsten
Flügel Adjutant: Offizier, der einem Befehlshaber zugeordnet ist
Protection: Schutz, Unterstützung
Blaubeuren: ehemaliges Kloster in der Nähe von Ulm; seit der Reformation Staatsbesitz

Aufgaben
a) Außer Schubart hatte sein Zeitgenosse Schiller wegen seiner freien Meinung Schwierigkeiten mit dem Herzog von Württemberg. Worum ging es in diesem Fall?
b) Warum musste Schubart aus Ulm herausgelockt werden und welcher Ulmer Bürger half dem Herzog?
c) Wie steht es heute mit der freien Meinungsäußerung?

MATERIALIEN

M 3.6 Schule in Preußen
Mit dem General-Landschul-Reglement führte Preußen 1763 die Schulpflicht ein, die aber nur sehr schwer durchzusetzen war. Der Begründer der Berufsschulen in Preußen, Karl Friedrich von Klöden (1786–1856), berichtet über seine Schulzeit in den 1790er Jahren an der Stadtschule in Preußisch Friedland (Westpreußen):

> **I.** Das Schulzimmer war von ziemlicher Größe und bildete ein regelmäßiges Viereck. An dreien Seiten liefen erhöhte Bänke mit einer schmalen Fußbank versehen hin, vor ihnen, in einer solchen Höhe, dass man bequem darunter sich bückend nach den Bänken gelangen konnte, die Schultische. Sie waren schrecklich zerschnitten, mit tiefen, eingebrannten Löchern versehen und sahen sehr schmierig aus. An zwei Seiten des Zimmers saßen die Knaben, an der dritten die Mädchen. Die vierte Seite hatte keine Bänke. Hier befand sich die Tür, der Ofen und in der Mitte ein Tisch für den Lehrer, auf welchem der Kantschu, eine Rute, mehrere Stöcke und ein Lineal lagen. ... Indessen hatten sich unter den Bänken, zum Teil auch unter den Tischen, große Berge von Müll aufgehäuft; denn diese Tiefen der Schule wurden jährlich nicht mehr als einmal ausgeräumt und gereinigt; nur der innere Raum des Zimmers wurde wöchentlich ausgefegt.
> Die Schule begann das ganze Jahr hindurch um 7 Uhr und dauerte bis 10 Uhr, nachmittags von 2 bis 4 Uhr. Die Mittwoch- und Sonnabendnachmittage waren frei.

> **II.** Der einzige Lehrer ... der Schule ... war der Rektor Frank ... in der Schule erschien er aber nie anders als den runden kahlen Kopf mit einer weißen Zipfelmütze bedeckt, im weiten, klein beblümten kattunen Schlafrock, der den starken Spitzbauch weit bedeckte, und mit Pantoffeln an den Füßen. Solange ich ihn gekannt habe, blieb es immer derselbe Schlafrock. Wenn er in die Schulstube trat, geschah es mit Würde. Er riss die Tür weit auf; sofort verstummte jedes Gespräch; alle Schüler standen auf ...
> An jedem Tag war die erste Schulstunde dem Bibellesen gewidmet. Es wurde da angefangen, wo man am vorigen Tage stehengeblieben war, bis man mit der Bibel „fertig" war ...
> Des Mittwochs und Sonnabends von 8 bis 9 Uhr wurde die Folge der biblischen Bücher abgefragt. Wir mussten sie vorwärts und rückwärts hersagen können, und es geschah dies mit großer Fertigkeit. Dienstags und freitags von 9 bis 10 Uhr lasen wir Hübners biblische Historien, deren Inhalt nachher abgefragt wurde. Erklärungen wurden auch hier nicht gegeben. Wiedererzählt wurde mit den Worten der Erzählung. Mittwochs und sonnabends von 9 bis 10 Uhr wurde das schnelle Aufschlagen von Bibelstellen eingeübt. Darin besaßen wir eine so merkwürdige Fertigkeit, wie sie mir nie wieder vorgekommen ist. ... Am Dienstag und Freitag von 2 bis 3 Uhr war Schreibstunde. Es wurde aber in der Schule nicht geschrieben, sondern jeder legte sein Schreibebuch dem an dem Tische sitzenden Rektor vor und zeigte ihm, was er zu Hause geschrieben hatte. Je nachdem es geraten war, wurde es stillschweigend übergangen, oder die Hand musste hingehalten werden und es gab einige Hiebe mit der Rute. ... Montags und Donnerstags von 2 bis 3 Uhr wurde gerechnet. Der Rektor schrieb jedem, der nicht noch von der letzten Rechenstunde ein Exempel hatte, ein solches auf die Schiefertafel. Dann rechnete jeder es still für sich ... . Erklärt wurde sehr wenig, fast nichts. Man sah ab, wie der Nachbar es machte. ... Im Winter musste jeder Schüler Beleuchtungsmaterial mitbringen, weil es in der ersten Stunde noch nicht taghell war. ... Alle Jahre zu Pfingsten kam der geistliche Inspektor aus Konitz und inspizierte die Kirche und Schule. Zur Vorbereitung fiel mehrere Tage der Unterricht aus, und sämtliche Schulkinder, besonders die Mädchen, mussten die Schule reinigen ...

Worterklärungen
Kantschu: türk. Riemenpeitsche
Kattun, kattunen: Baumwollstoff

Aufgaben
a) Warum war die Durchsetzung der Schulpflicht wohl so schwierig?
b) Vergleiche den Lehrplan des Schülers Klöden mit deinem heutigen Unterricht!
c) Beschreibe das Schulzimmer der preußischen Stadtschule. Was hat sich bis heute verändert?
d) Welchen Stellenwert hatte die Schule in der Zeit des Absolutismus?

MATERIALIEN

M 3.7 Die Dampfpumpe von Thomas Newcomen, 1711

M 3.8 Erfindungen und Entdeckungen

Jahr	Erfinder / Entdecker	Erfindung / Entdeckung
1600	William Gilbert	Erdmagnetismus
1602	Galileo Galilei	Fall- und Pendelgesetze
1609	Hans Lippershey	Fernrohr
1618	William Harvey	Blutkreislauf
1621	Willebrord Snellius	Lichtbrechung
1632	Claude Mellan	Erste Mondkarte
1640	Marin Mersenne	Messung der Schallgeschwindigkeit
1643	Evangelista Torricelli	Quecksilberbarometer
1645	Blaise Pascal	Rechenmaschine
1649	Otto von Guericke	Kolbenluftpumpe
1657	Christian Huygens	Penduluhr
1658	Jan Swammerdam	Rote Blutkörperchen
1667	Isaac Newton	Gravitationsgesetz
1672	Isaac Newton	Zerlegung des Lichts
1689		Gründung der Sternwarte in Greenwich
1690	Denis Papin	Dampfmaschine
1693	Edmund Halley	Erste wissenschaftliche Sterntafel
1709	Johann Friedrich Böttger	Hartporzellan
1714	G. D. Fahrenheit	Quecksilberthermometer

Aufgaben
a) In welchen Bereichen wurde die Erfindung von Newcomen eingesetzt?
b) Für wen waren die neuen Erfindungen von Bedeutung?
c) Wodurch wurde der wissenschaftliche Forscherdrang seit dem 17. Jahrhundert hervorgerufen?
d) Welche besonderen Forschungsgebiete entwickelten sich in dieser Zeit?

MATERIALIEN

M 3.9 Das Wirtschaftssystem des Merkantilismus
Gegen Ende des 16. Jahrhunderts übernahmen die Generalstaaten (nördliche Niederlande) die wirtschaftliche Führungsrolle und wurden europäisches Handels- und Finanzzentrum. Innovationen in den Bereichen Textilgewerbe, Landwirtschaft und Entwicklung wissenschaftlicher Instrumente gehörten dazu. Im 17. Jahrhundert wurde jedoch Frankreich unter Ludwig XIV. zur treibenden Kraft. Das merkantilistische Wirtschaftssystem wurde zum Motor für Wissenschaft, Gewerbe und Handel. Der französische Finanzminister Colbert schrieb 1664 über den Wert des Handels eine Denkschrift für Ludwig XIV.:

Ich glaube, man wird ohne weiteres in dem Grundsatz einig sein, dass es einzig und allein der Reichtum an Geld ist, der die Unterschiede an Größe und Macht zwischen den Staaten begründet. Was dies betrifft, so ist es sicher, dass jährlich aus dem Königreich einheimische Erzeugnisse (Wein, Branntwein, Weinessig, Eisen, Obst, Papier, Leinwand, Eisenwaren, Seide, Kurzwaren) für den Verbrauch im Ausland im Wert von 12 bis 18 Millionen Livres hinausgehen. Das sind die Goldminen unseres Königreichs, um deren Erhaltung wir uns sorgfältig bemühen müssen ... Je mehr wir die Handelsgewinne, die die Holländer den Untertanen des Königs abnehmen, und den Konsum der von ihnen eingeführten Waren verringern können, desto mehr vergrößern wir die Menge des hereinströmenden Bargeldes und vermehren wir die Macht, Größe und Wohlhabenheit des Staates. Denselben Schluß können wir hinsichtlich des Zwischenhandels ziehen, d. h. derjenigen Waren, die wir aus Ost- und Westindien holen und nach Nordeuropa bringen könnten, von wo wir die zum Schiffbau nötigen Materialien selber heranführen könnten ... Außer den Vorteilen, die die Einfuhr einer größeren Menge Bargeld in das Königreich mit sich bringt, wird sicherlich durch die Manufakturen eine Million zur Zeit arbeitsloser Menschen ihren Lebensunterhalt gewinnen. Eine ebenso beträchtliche Anzahl wird in der Schiffahrt und in den Seehäfen Verdienst finden ...
Als Mittel, (diese Ziele) zu erreichen, schlage ich vor:
- ... die am Hof erscheinenden Kaufleute sollten ... in allen Angelegenheiten ihres Handels unterstützt ... werden ...
- Alle Verwaltungsvorschriften im Königreich bezüglich der Wiederherstellung der Manufakturen sollten erneuert, die Ein- und Ausfuhrtarife überprüft ... und es sollte jährlich eine bedeutende Summe für Wiederherstellung der Manufakturen und die Förderung des Handels ... ausgeworfen werden.
- ... Zahlung von Gratifikationen an alle, die neue Schiffe kaufen oder bauen oder große Handelsreisen unternehmen.
- Die Landstraßen sollten ausgebessert, die Zollstationen an den Flüssen aufgehoben, die kommunalen Schulden weiterhin abgelöst werden.
- Man bemühe sich unablässig, die Flüsse im Innern des Königreichs schiffbar zu machen, soweit sie es noch nicht sind;
- man prüfe sorgfältig die Frage einer Verbindung der Meere über Guyenne und Burgund,
- unterstütze tatkräftig die Ost- und Westindische Kompanie und ermuntere jedermann zum Eintritt ...

Worterklärungen
Merkantilismus: staatlich gelenkte Wirtschaftsform im Zeitalter des Absolutismus
Manufaktur: (von lat. manu facere = mit der Hand machen) Betrieb, in dem Produkte durch arbeitsteilige Handarbeit hergestellt wurden.
Guyenne: frz. Provinz am Atlantik
Burgund: frz. Provinz am Mittelmeer (Provence)

Aufgaben
a) Liste die einzelnen Maßnahmen zur Förderung des Handels auf!
b) Warum wurde durch diese Maßnahmen der Handel gefördert?
c) Welche Bedeutung sollten nach Colbert in Frankreich Einfuhr und Ausfuhr von Waren haben?
d) Suche im Atlas die südfranzösische Kanalverbindung „zwischen den Meeren"!

MATERIALIEN

M 3.10 Nadelherstellung in einem mittelalterlichen Handwerksbetrieb und in einer Manufaktur

Aufgaben
a) Welche Unterschiede stellst du in der Nadelherstellung durch einen Handwerksbetrieb und eine Manufaktur fest?
b) Aus welchem Grund stellte sich die Warenproduktion in den Manufakturen als zukunftweisender dar?

MATERIALIEN

M 3.11 Löhne und Preise

Die Arbeitszeiten in Manufakturen, Handwerksbetrieben und auf dem Lande betrugen während der ersten Regierungsjahrzehnte Ludwigs XIV. in der Regel 10 bis 14 Stunden. Urlaubstage gab es noch nicht; dafür ruhte die Arbeit an bis zu 60 kirchlichen Feiertagen, die Sonntage nicht eingerechnet. Die Löhne und Preise schwankten je nach Region.

Löhne (pro Tag)

in der Landwirtschaft
Landarbeiter	8–9 Sous
Vorarbeiter	9–10 Sous

im Handwerk
Dachdecker	14 Sous	Maurer	15–16 Sous
Stellmacher	16 Sous	Zimmerleute	4–12 Sous
Säger	4 Sous	Schutträumer	7 Sous
Grubenarbeiter	15–16 Sous	Stepper	20–25 Sous
Leineweber	12–15 Sous	Schlosser in Paris	30 Sous

Preise (1665/1695)

1 Pfund Kalbfleisch	6 Sous	1 Pfund Lammfleisch	7 Sous
1 Pfund Butter	5–8 Sous		
1 gespickte Taube	10 Sous	1 Weißbrot zu 450 g	1–2 Sous
1 Pfund Ochsenfleisch	2–3 Sous	1 Pinte Wein	2–3 Sous
1 Pfund Kerzen	6–10 Sous		
1 Paar Schuhe	2 Livres, 10 Sous	1 Hemd (feines Leinen)	4 Livres

Worterklärung
Sou: von lat. solidus, Schilling; 20 Sous = 1 Livre

Aufgaben
a) In welchen Berufen wurden die höchsten Löhne gezahlt?
b) An wieviel Tagen wurde in der Regel gearbeitet?
c) Welche Lebensmittel konnte sich ein Dachdecker von seinem Tageslohn leisten?

M 3.12 König Friedrich II. von Preußen über seine Wirtschaftspolitik

Beim Handel und bei den Manufakturen muss grundsätzlich verhindert werden, dass das Geld außer Landes geht; man muss bewirken, dass es ins Land kommt. Das Hinausgehen des Geldes wird verhindert, indem man alles im Lande herstellt, was man früher von auswärts bezog. Eine Herabminderung der ins Ausland fließenden Geldmenge lässt sich zweitens dadurch herbeiführen, dass man sich alle unentbehrlichen Dinge am Ursprungsorte holt und den Handel selbst in die Hand nimmt. Das hat zur Folge, dass die Ware, die beim Einkauf in Hamburg mit einem Taler bezahlt wird, nur noch einen Gulden kostet, wenn man sie aus Spanien bezieht. Durch eine solche Preissenkung ergibt sich ein beträchtlicher Gewinn, die die Kaufleute des eigenen Landes erzielen und der einen ebenso großen Verlust für die Hamburger und die Holländer bedeutet.

Längs der Oder und der Netze, einem kleinen Fluss in der Neumark, zog sich ein Streifen unangebauten, wilden und unzugänglichen Sumpflandes. Ich begann damit, die Sümpfe von Damm bei Stettin zu entwässern. Durch einen Deich wurde die Oder eingedämmt und das neue Land an die Erbauer der dort angelegten Dörfer verteilt. Dieses Werk wird im nächsten Jahre vollendet und das Land mit ungefähr 4000 Seelen besiedelt sein. Die Netzesümpfe sind ebenfalls ausgetrocknet und mit Polen bevölkert, die sich auf eigene Kosten angesiedelt haben. Ferner habe ich alles Brachland in der Kurmark urbar machen lassen. ... Ebenso zeigte es sich, dass die Städte in Pommern viel mehr Land besaßen, als sie anbauen konnten. Überall sind Dörfer angelegt worden, die in der Mehrzahl bereits fertig sind. ... Wenn ich alles seit dem Jahre 1746 zusammenzähle, bin ich jetzt beim 122. Dorfe angelangt.

MATERIALIEN

M 3.13 Das Oderbruch um 1740 und heute

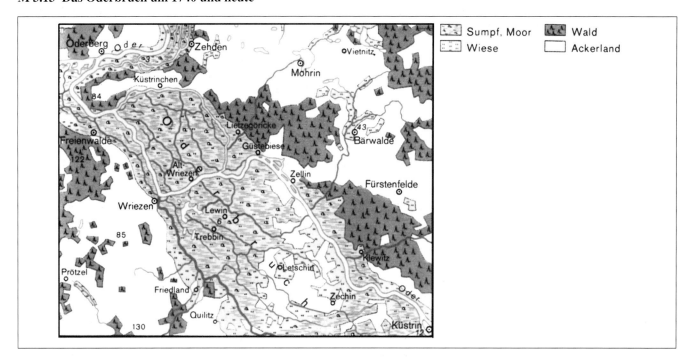

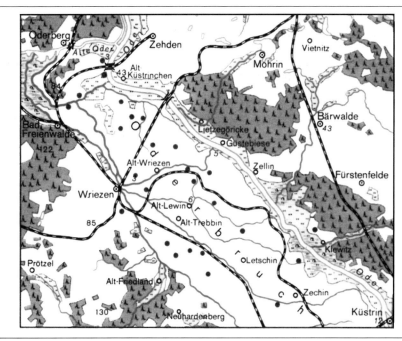

Aufgabe
Stellt die Argumente für und gegen eine Flussregulierung zusammen!

Argumente dafür	Argumente dagegen

MATERIALIEN

M 3.14 Die Einführung der Kartoffel
Nach der Entdeckung der Neuen Welt brachten die europäischen Eroberer auch eine neue Frucht mit, die Kartoffel. Über ihre Einführung in Preußen berichtete der Zeitzeuge Joachim Nettelbeck:

> Im nächst folgenden Jahr (1744) erhielt Kolberg aus des großen Friedrich vorsorgender Güte ein Geschenk, das damals hierzulande noch völlig unbekannt war. Ein großer Frachtwagen nämlich voll Kartoffeln langte auf dem Markte an, und durch Trommelschlag in der Stadt und in den Vorstädten erging die Bekanntmachung, dass jeder Gartenbesitzer sich zu einer bestimmten Stunde vor dem Rathause einzufinden habe, indem des Königs Majestät ihnen eine besondere Wohltat zugedacht habe. … Die Herren vom Rate zeigten nunmehr der versammelten Menge die neue Frucht vor, die hier noch nie ein menschliches Auge erblickt hatte. Daneben ward eine umständliche Anweisung verlesen, wie diese Kartoffeln gepflanzt und bewirtschaftet, desgleichen wie sie gekocht und zubereitet werden sollten. Besser freilich wäre es gewesen, wenn man eine solche geschriebene oder gedruckte Instruktion gleich mit verteilt hätte; denn nun achteten in dem Getümmel die wenigsten auf jene Vorlesung. Dagegen nahmen die guten Leute die hoch gepriesenen Knollen verwundert in die Hände, rochen, schmeckten und leckten daran; kopfschüttelnd bot sie ein Nachbar dem andern; man brach sie voneinander und warf sie den gegenwärtigen Hunden vor, die daran herumschnoperten und sie gleichmäßig verschmähten. Nun war ihnen das Urteil gesprochen! „Die Dinger", hieß es, „riechen nicht und schmecken nicht, und nicht einmal die Hunde mögen sie fressen. Was wäre uns damit geholfen?" …
>
> Inzwischen ward des Königs Wille vollzogen und seine Segensgabe unter die anwesenden Garteneigentümer ausgeteilt, nach Verhältnis ihrer Besitzungen, jedoch so, dass auch die Geringeren nicht unter einigen Metzen ausgingen. Kaum irgend jemand hatte die erteilte Anweisung zu ihrem Anbau recht begriffen. Wer sie also nicht geradezu in seiner getäuschten Erwartung auf den Kehrichthaufen warf, ging doch bei der Auspflanzung so verkehrt als möglich zu Werke. Einige steckten sie hie und da einzeln in die Erde, ohne sich weiter um sie zu kümmern; andre (und darunter war auch eine liebe Großmutter mit ihrem ihr zugefallenen Viert) glaubten das Ding noch klüger anzugreifen, wenn sie diese Kartoffeln beisammen auf einen Haufen schütteten und mit etwas Erde bedeckten. Da wuchsen sie nun zu einem dichten Filz ineinander …
>
> Nun mochten aber wohl die Herren vom Rat gar bald in Erfahrung gebracht haben, dass es unter den Empfängern viele lose Verächter gegeben, die ihren Schatz gar nicht einmal der Erde anvertraut hätten. Darum ward in den Sommermonaten durch den Ratsdiener und Feldwächter eine allgemeine und strenge Kartoffelschau veranstaltet und den widerspenstig Befundenen eine kleine Geldbuße aufgelegt. Das gab wiederum ein großes Geschrei und diente auch eben nicht dazu, der neuen Frucht an den Bestraften bessere Gönner und Freunde zu erwecken.
>
> Das Jahr nachher erneuerte der König seine wohltätige Spende durch eine ähnliche Ladung. Allein diesmal verfuhr man dabei höhern Orts auch zweckmäßiger, indem zugleich ein Landreiter mitgeschickt wurde, der, als ein geborner Schwabe … des Kartoffelbaues kundig und den Leuten bei der Auspflanzung behülflich war und ihre weitere Pflege besorgte. So kam also diese neue Frucht zuerst ins Land und hat seitdem durch immer vermehrten Anbau kräftig gewehrt, dass nie wieder eine Hungersnot so allgemein und drückend bei uns hat um sich greifen können. Dennoch erinnere ich mich gar wohl, dass ich erst volle vierzig Jahre später (1785) bei Stargard zu meiner angenehmen Verwunderung die ersten Kartoffeln im freien Felde ausgesetzt gefunden habe.

Worterklärungen
Metze: Getreidemaß, ungefähr 3½ Liter
Viert: Viertel

MATERIALIEN

M 3.15 Überwachung der Kartoffelernte durch Friedrich II.

Aufgaben
a) Erkläre das Wirtschaftsprinzip Friedrichs II. und vergleiche es mit dem Ludwigs XIV.!
b) Welche wirtschaftliche Bedeutung hatte die Urbarmachung von Sumpfland für Preußen?
c) Das Oderhochwasser von 1997 zeigte die ökologischen Probleme dieser Landgewinnung. Worin bestehen sie?
d) Welche Bedeutung hatte die Kartoffel als Nahrungsmittel, welche hat sie heute in Deutschland?
e) Warum war die Einführung der neuen Frucht Kartoffel mit so großen Schwierigkeiten verbunden?

MATERIALIEN

M 4.1 Die Rechte des Königs
In England hatten die Stände seit dem 14. Jahrhundert eine große Unabhängigkeit gegenüber dem König erreicht. Das englische Parlament aus zwei sog. Häusern bildete sich heraus. Das „Oberhaus" wurde von Hochadel und Bischöfen, das „Unterhaus" von Bürgern und kleinem Landadel gebildet. Schon Königin Elisabeth I. (1558–1603) versuchte das Mitspracherecht des Parlaments zu umgehen. Ihre Nachfolger Jakob I. (1603–1625) und Karl I. (1625–1649) verschärften den Machtkampf mit dem Parlament, um eine absolute Herrschaft nach französischem Vorbild einzuführen.

Jakob I. beschrieb, als er noch König von Schottland war, 1598 die Rechtsgrundlage des Königtums wie folgt:

> Die Könige von Schottland waren schon da, bevor es Stände oder Abstufungen innerhalb derselben gab, bevor Parlamente gehalten oder Gesetze gemacht wurden. Sie verteilten das Land, das ursprünglich in seiner Gesamtheit ihnen gehörte, sie riefen Ständeversammlungen durch ihren Befehl ins Leben, sie entwarfen Regierungsformen und richteten sie ein ... Daraus folgt mit Notwendigkeit, dass die Könige die Urheber und Schöpfer der Gesetze waren und nicht umgekehrt ...

M 4.2 Das englische Parlament und die Bewilligung der Steuern, 1628
Das wichtige Recht der Steuerbewilligung wollte sich das Parlament von Karl I. nicht aus der Hand nehmen lassen. 1628 legte daher die Ständeversammlung dem englischen König ein Gesuch vor:

> Unseren obersten Herrn, den König, machen wir, die geistlichen und weltlichen Lords und die Gemeinen Mitglieder des Unterhauses, im Parlament versammelt, untertänigst darauf aufmerksam, dass durch Gesetz König Eduards I. [1272–1307] erklärt und verfügt wurde:
> Durch den König und seine Erben darf in diesem Reiche keine Steuer oder Beihilfe mehr auferlegt oder erhoben werden ohne den guten Willen und die Zustimmung der Erzbischöfe, Earls, Grafen, Barone, Ritter, Bürger und anderer freier Männer des gesamten Reiches.
> Ferner ist durch Autorität eines Parlaments im 25. Regierungsjahr König Eduards III. [1327–1377] erklärt und verfügt worden, dass künftighin niemand veranlasst werden kann, gegen seinen Willen dem Könige Darlehen zu geben, weil solche unvernünftig und der Freiheit des Landes zuwider seien ...
> Dennoch sind in letzter Zeit verschiedene Anordnungen an Beamte in einigen Grafschaften ergangen, infolge deren Eure Untertanen an verschiedenen Orten versammelt und aufgefordert wurden, bestimmte Geldsummen Eurer Majestät darzuleihen ... Wir bitten deshalb Eure erhabene Majestät ehrerbietig, es möge künftig niemand mehr genötigt werden, irgendein Geschenk, Darlehen, eine freiwillige Gabe, eine Steuer oder sonst eine entsprechende Abgabe leisten, ohne allgemeine Zustimmung durch Parlamentsbeschluss.

M 4.3 Der Konflikt des Königs mit dem Parlament
Karl I. vermied es, die Ständeversammlung einzuberufen. Erst 1640 rief er das Parlament wieder zusammen. Er wollte sich Gelder für die Niederschlagung eines Aufstands in Schottland bewilligen lassen, der aus Glaubensgründen entstanden war. Doch die Parlamentsmitglieder widersetzten sich den Wünschen des Königs. In den folgenden Jahren kam es zu offener Opposition von Parlamentsangehörigen gegenüber dem König. Karl I. bedrohte die Unverletzlichkeit des Parlaments, indem er einige Mitglieder verhaften ließ.

> *Erklärung des Königs vom 4. Januar 1642:*
> Ich bin gekommen, um festzustellen, ob die Angeklagten sich hier befinden ... Ich muss sie haben, wo ich sie auch finden mag! – Nun schön, ich sehe, dass alle Vögel ausgeflogen sind. So erwarte ich von Ihnen, dass Sie sie mir schicken, sobald sie sich hier wieder einfinden.
>
> *Erklärung des Unterhauses vom 5. Januar 1642:*
> Gestern, den 4. Januar 1642, kam Seine Majestät ... in das Unterhaus, begleitet von einer großen Menge von Männern, die kriegsmäßig mit Hellebarden, Schwertern und Pistolen bewaffnet waren ... Seine Majestät ... verlangte die Auslieferung verschiedener Mitglieder des Hauses. Das Unterhaus erklärt hiermit, dass dies einen schweren Bruch der Rechte und Privilegien darstellt und unvereinbar ist mit dessen Freiheit und Unabhängigkeit ...

MATERIALIEN

M 4.4 Die Hinrichtung des Königs
In dem sich nun zum Bürgerkrieg ausweitenden Konflikt musste der König eine Niederlage hinnehmen. Doch er wollte sich der „Parlamentspartei" unter Oliver Cromwell nicht unterwerfen. Erneute Pläne zum Bürgerkrieg führten schließlich zur öffentlichen Hinrichtung des Königs 1649.

Aufgaben
a) Welche Begründung hat Jakob I. für seinen absolutistischen Herrschaftsanspruch? Vergleiche auch mit den Aussagen des spanischen Königs Philipp!
b) Warum war und ist das Steuerbewilligungsrecht das wichtigste Recht eines Parlaments?
c) Aus welchem Grund standen die Parlamentsmitglieder unter besonderem Schutz? – Wie sind die Abgeordneten des Bundestages und der Landtage geschützt?
d) Welche Auswirkungen konnte die Hinrichtung des Königs für England und das Parlament haben?

M 4.5 England – eine parlamentarische Monarchie
Als neue Herrschaftsform trat in England an die Stelle der Monarchie die Republik, allerdings wurde sie vom „Lordprotektor" Oliver Cromwell wie eine Diktatur geführt. Nach dessen Tod stellte das Parlament zwar die Monarchie wieder her, doch unter den folgenden Königen Karl II. und Jakob II. kam es erneut wegen Glaubensfragen zu Konflikten mit dem Parlament. Führende Parlamentsmitglieder boten daher dem protestantischen Statthalter der Niederlande, Wilhelm III. von Oranien, 1688 die englische Königskrone an. Dieser zog ohne großes Blutvergießen in London ein. Vor der Krönung 1689 musste er allerdings einen Vertrag mit dem Parlament, die „Bill of Rights", unterzeichnen.

- Gesetze oder Ausführung von Gesetzen durch königliche Autorität ohne Zustimmung des Parlaments aufzuheben, ist gesetzwidrig …
- Steuern für die Krone oder zum Gebrauch der Krone … ohne Erlaubnis des Parlaments für längere Zeit oder in anderer Weise, als erlaubt und bewilligt wurde, zu erheben, ist gesetzwidrig.
- Es ist das Recht des Untertans, dem König Bittschriften einzureichen …
- Es ist gegen das Gesetz, es sei denn mit Zustimmung des Parlaments, eine stehende Armee im Königreich in Friedenszeiten aufzustellen oder zu halten …
- Die Wahl von Parlamentsmitgliedern soll frei sein.
- Die Freiheit der Rede und der Debatten und Verhandlungen im Parlament darf von keinem Gerichtshof oder sonstwie außerhalb des Parlaments angefochten oder in Frage gestellt werden.
- Um allen Beschwerden abzuhelfen sowie zur Besserung, Stärkung und Erhaltung der Gesetze sollen Parlamentssitzungen häufig gehalten werden.

MATERIALIEN

M 4.6 Das englische Parlament

Aufgaben
a) Vergleiche die Rechtsstellung Wilhelms III. von Oranien mit der von Ludwig XIV.!
b) Nimm Stellung zu dem Satz: „Wilhelm III. von Oranien konnte regieren, aber nicht herrschen"!
c) Worin bestand und besteht die Eigenart der britischen Regierungsform?

MATERIALIEN

M 4.7 Die englische Monarchie heute

Queen muß Revolution im Oberhaus verkünden

THRONREDE: Erblicher Adel soll Stimmrecht verlieren / Zeremonie wird schlichter

Englands Königin gilt als Hüterin altehrwürdiger Traditionen. Am Dienstag jedoch mußte sie bei der Eröffnung des Parlaments das Ende einer seit sechs Jahrhunderten bestehenden Tradition ankündigen.

„Eine Gesetzesvorlage wird eingebracht, die das Sitz- und Stimmrecht der Erblords im Oberhaus abschafft", verlas Queen Elizabeth die von der Labour-Regierung verfaßte Erklärung über die Vorhaben für die neue Parlamentsperiode. „Das ist der erste Teil eines Reformprozesses, um das House of Lords demokratischer und repräsentativer zu machen", verkündete die in vollem Amtsornat mitsamt Reichskrone gekleidete Königin.

In scharfem Kontrast zu dem geradezu revolutionären Vorhaben stand dabei die bei jeder Parlamentseröffnung übliche königliche Prachtentfaltung. In einer Kutsche waren Elizabeth und ihr Mann Prinz Philipp vorgefahren. Begleitet wurden sie von einer Eskorte prächtig ausstaffierter berittener Soldaten.

Auf Wunsch der Regierung von Premierminister Tony Blair gab es aber erste kleine Abstriche bei der Eröffnungszeremonie. So durfte sich der Lordkanzler, das Oberhaupt der Justiz, umdrehen und einfach davongehen, nachdem er der Königin den Redetext überreicht hatte. Früher mußte er sich rückwärts entfernen. Erst vor einer Woche hatte das Oberhaus entschieden, daß der Lordkanzler sein traditionelles Kostüm mit Perücke, Kniebundhosen, Strumpfhosen und Schnallenschuhen nur noch zu zeremoniellen Anlässen tragen muß. Zu normalen Debatten darf er im normalen Anzug erscheinen. Der derzeitige Amtsinhaber Lord Irvine hatte sich beklagt, daß insbesondere das Tragen der Perücke beschwerlich sei.

Der Lordkanzler hat es jetzt leichter

Das größte Interesse unter den 22 Gesetzesvorlagen fand eindeutig die beabsichtigte Streichung des Stimmrechts der Erblords. Blair will den 759 Erblords ihr Stimmrecht entziehen, das künftig lediglich den 500 auf Lebenszeit ernannten Peers zustehen soll. Der Sprecher der Konservativen Partei, Michael Ancram, warf der Labour Party am Dienstag „Verfassungsvandalismus" vor.

Die Konfrontation zwischen Regierung und den zumeist stockkonservativen Lords ist seit dem Machtantritt von Labour im Mai vergangenen Jahres stetig angewachsen. Das Oberhaus hat 38 Gesetzesentwürfe der Regierung zurückgewiesen. Vor einer Woche ließen die Lords die von Blair angestrebte Einführung des Verhältniswahlrechts für die Europawahl im nächsten Jahr scheitern. Mit der Änderung hätte Großbritannien das gleiche System übernommen wie Deutschland, Frankreich und drei weitere EU-Staaten. —AP

Die Königin eröffnet das britische Parlament. —FOTO: AP

Hollywodstar Jamie Lee Curtis darf als Frau des britischen Lords Hayden-Guest der Thronrede im Oberhaus folgen. —FOTO: AP

MATERIALIEN

M 4.8 Zeitalter der Aufklärung/Absolutismus in England

1. Die moderne Zeit wurde durch die Entwicklung kritischen Denkens, die Aufklärung, vorbereitet. Welche bisherigen Lebensbereiche wurden besonders kritisch befragt?
   a) Religion ( )
   b) Staatsordnung ( )
   c) Mode ( )

2. Die Philosophie der Aufklärung befasste sich auch mit den drei Gewalten im Staat. Welche Aussagen sind dazu in dieser Zeit gemacht worden?
   a) Alle Gewalt geht vom Volk aus ( )
   b) Alle Staatsgewalt liegt beim Fürsten ( )
   c) Nur die Teilung der Staatsgewalten bringt Freiheit im Staat ( )

3. Welche Bereiche des öffentlichen Lebens sind durch die Aufklärung besonders gefördert worden?
   a) Naturwissenschaften ( )
   b) Stände ( )
   c) Wirtschaft ( )

4. Warum konnte sich in England der Absolutismus nicht durchsetzen?
   a) Das Königtum hatte zu geringe Steuereinnahmen ( )
   b) Das Parlament verteidigte alte Rechte und erstritt sich neue ( )
   c) Das englische Königtum erstrebte keine absolutistische Herrschaft ( )

5. In welcher Beziehung war die Hinrichtung eines Königs durch ein Parlament im 17. Jahrhundert eine ungeheure Tat?
   a) Der König galt als von Gott eingesetzt und war darum unantastbar ( )
   b) Ein Parlament hatte keine Befugnis, die Todesstrafe zu verhängen ( )
   c) Die Menschenrechte standen der Hinrichtung eines Königs entgegen ( )

6. Die Rückkehr zur Monarchie nach den Jahren der Republik führte in England zu Veränderungen. Worin bestanden sie?
   a) Es durfte nur die weibliche Königswürde vergeben werden ( )
   b) Der König hatte im wesentlichen repräsentative Aufgaben und Rechte ( )
   c) Das Parlament gab alle Rechte an den König ab ( )

MATERIALIEN

M 5.1 Die Habsburgischen Länder im 17. und 18. Jahrhundert

Das Haus Habsburg stellte (mit einer kurzen Unterbrechung) von 1438 bis 1740 den Kaiser des Heiligen Römischen Reiches. Allerdings geriet seine Herrschaft 1683 in Gefahr. Türkische Heere, die bereits den größten Teil Südosteuropas erobert hatten, belagerten in diesem Jahr Wien. Ein Entsatzheer unter der Führung Karls von Lothringen und des Königs von Polen, Johann von Sobieski, konnte die Stadt nach zweimonatiger Belagerung befreien. In den folgenden Jahrzehnten drangen die kaiserlichen Truppen unter der Führung des Prinzen Eugen von Savoyen (1663–1736) immer tiefer in den türkischen Herrschaftsraum in Südosteuropa ein. Seit 1699 gehörten ganz Ungarn, Siebenbürgen, Kroatien und Slowenien zu Habsburg. 1718 kamen noch Teile Serbiens und der Walachei hinzu.

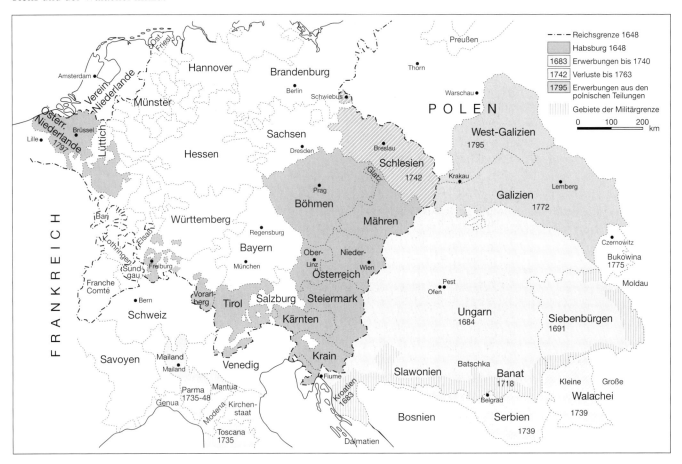

Aufgaben
a) In den habsburgischen Ländern waren zahlreiche Völker unterschiedlicher Sprache vereinigt. Gibt es in Europa heute noch vergleichbare Staaten?
b) Welche Sprachen musste ein habsburgischer Beamter unter Umständen beherrschen oder lernen?

MATERIALIEN

M 5.2 Maria Theresia um 1750

MATERIALIEN

M 5.3 Eine Frau als Herrscherin: Maria Theresia

Kaiser Karl VI. (1711 – 1740) erließ 1713 ein Gesetz, die sogenannte Pragmatische Sanktion, die in den folgenden Jahren von allen europäischen Mächten anerkannt wurde. Danach sollten in den habsburgischen Ländern auch weibliche Nachkommen erbberechtigt sein, was bisher nur in wenigen Staaten – Großbritannien und Schweden – möglich war. 1740 folgte ihm seine Tochter Maria Theresia. Über sie berichtete 1747 der preußische Gesandte Graf Podewils:

> Ihr Wuchs ist eher über als unter Mittelgröße. Sie war vor ihrer Heirat sehr schön, aber die zahlreichen Geburten, die sie durchgemacht hat, dazu ihre Körperfülle, haben sie äußerst schwerfällig werden lassen. Trotzdem hat sie einen ziemlich freien Gang und eine majestätische Haltung. Ihr Aussehen ist vornehm, obgleich sie es verdirbt durch die Art, sich zu kleiden, und obgleich sie der kleine, englische Reifrock, den sie trägt, entstellt.
>
> Sie hat ein rundes, volles Gesicht, und eine freie Stirn. Die gut gezeichneten Augenbrauen sind, wie auch die Haare, blond, ohne ins Rötliche zu schimmern. Die Augen sind groß, lebhaft und zugleich voll Sanftmut, wozu ihre Farbe, die von einem hellen Blau ist, beiträgt … Ihr Gesichtsausdruck ist offen und heiter, ihre Anrede freundlich und anmutig. Man kann nicht leugnen, dass sie eine schöne Person ist.
>
> Bei ihrer Thronbesteigung fand sie das Geheimnis, sich die Liebe und Bewunderung aller Welt zu erringen. Ihr Geschlecht, ihre Schönheit, ihr Unglück trugen nicht wenig dazu bei, dass die Lobeserhebungen, an denen die vom Hofe besoldeten Journalisten nicht sparten, günstig aufgenommen wurden. Sie nahm sich in acht und zeigte sich nur von der guten Seite, leutselig, fromm, freigebig, wohltätig, volkstümlich, mutig, hochherzig, gewann sie sich bald die Herzen ihrer Untertanen … Sie gab jedem Audienz und las selbst die Bittschriften, kümmerte sich um die Rechtspflege, ließ sich die Regierungsgeschäfte angelegen sein, bedachte den einen mit guten Worten, den anderen mit einem Lächeln oder einer verbindlichen Wendung, machte ihre abschlägigen Antworten erträglich, gab großartige Versprechungen, trug äußerste Frömmigkeit zur Schau, indem sie oft sagte, sie werde all ihr Vertrauen auf Gott setzen, ehrte die Geistlichkeit, bezeugte viel Ehrfurcht vor der Religion, kehrte ihre Liebe zu den Armen hervor, gründete Hospitäler, verteilte Gelder unter die Soldaten, liebte den Prunk, ließ Schauspiele aufführen, sprach selbst in der Versammlung der Landstände, indem sie sich in erhabener und rührender Weise über ihre Lage verbreitete, und beklagte sich über das Unglück, in das ihre Feinde sie gestürzt hätten, nannte sich untröstlich (Lieblingsausdruck), wider ihren Willen gezwungen zu sein, ihre Widerwärtigkeiten mit ihren treuen Untertanen teilen zu müssen, versprach, bei Gelegenheit den Eifer eines jeden zu belohnen, versicherte den Ungarn, ihre alten Vorrechte wiederherstellen und bestätigen und ihren alten Beschwerden abhelfen zu wollen, trug Geistesstärke zur Schau, bot ihrem Unglück Trotz und versuchte, durch ihren Mut ihren Untertanen solchen einzuflößen …
>
> Sie beschäftigt sich viel mit ihren Staatsangelegenheiten und bemüht sich, genaue Kenntnis von ihnen zu bekommen. Sie liest die meisten Berichte ihrer Gesandten an den fremden Höfen oder lässt sie sich vorlesen, prüft die Entwürfe der Schriftstücke von irgendwelcher Wichtigkeit, ehe man sie ins Reine schreibt, unterhält sich oft mit ihren Ministern und wohnt den Konferenzen bei, die über Staatsgeschäfte von irgendwelcher Bedeutung abgehalten werden. Sie will vor allem unterrichtet sein über alles, was das Heer angeht … . Ihr Ehrgeiz lässt sie den Wunsch hegen, selbst zu regieren … . Sie gibt sich überhaupt Mühe, die Schwächen ihres Geschlechts zu verleugnen und strebt Tugenden an, die am wenigsten zu ihr passen und die Frauen selten besitzen. Es scheint, als sei sie ärgerlich, als Frau geboren zu sein …
>
> Ihre Lebensweise ist sehr geregelt. Sie steht gewöhnlich im Winter um sechs Uhr morgens auf und im Sommer um vier oder fünf Uhr, widmet den ganzen Vormittag den Regierungsgeschäften, liest Berichte, die man ihr erstattet hat, unterzeichnet Schriftstücke und wohnt den Konferenzen bei …

Worterklärung
Reifrock: Weiter Rock, der durch innen eingearbeitete Fischbeinstäbe (Reifen) in Glockenform gehalten wird.

Aufgaben
a) Was meinte Podewils mit dem „Unglück", das Maria Theresia widerfahren sei, und was mit „Geheimnis"?
b) Bewunderte er Maria Theresia, und wenn: warum?
c) Müssen Politikerinnen in der heutigen Politik genau so sein wie Männer?

MATERIALIEN

M 5.4 Schulgesetze in den habsburgischen Ländern
Unter Maria Theresia setzten in den habsburgischen Ländern verschiedene Reformen ein, um eine Modernisierung von Staat und Kirche zu erreichen. Im Jahre 1774 wurde zum Beispiel eine Schulordnung eingeführt.

> I. Wir Maria Theresia von Gottes Gnaden ... geben euch hiermit gnädigst zu vernehmen:
> Da Uns nichts so sehr als das wahre Wohl der von Gott Unserer Verwaltung anvertrauten Länder am Herzen liegt, ... so haben wir wahrgenommen, dass die Erziehung der Jugend, beiderlei Geschlechts, als die wichtigste Grundlage der wahren Glückseligkeit der Nationen ein genaueres Einsehen ... erfordere ... Von einer guten Erziehung ... (hängt) die ganze künftige Lebensart aller Menschen und die Bildung des Genies und der Denkensart ganzer Völkerschaften (ab) ..., die niemals erreicht werden kann, wenn nicht durch wohlgetroffene Erziehungs- und Lehranstalten die Finsterniß der Unwissenheit aufgekläret und jedem der seinem Stande angemessene Unterricht verschaffet wird ... . Bei dem Unterrichte muss nicht bloß auf das Gedächtniß gesehen, noch die Jugend mit dem auswendig Lernen über die Nothwendigkeit geplagt, sondern der Verstand derselben aufgekläret, ihr alles verständlich gemacht und die Anleitung gegeben werden, über das Erlernte sich ruhig und vollständig auszudrücken. Kinder beiderlei Geschlechts ... gehören ohne Ausnahme in die Schule, und zwar sobald sie das 6te Lebensjahr angetreten haben, von welchem an sie, bis zu vollständiger Erlernung der für ihren künftigen Stand und Lebensart erforderlichen Gegenstände (dort bleiben) müssen, (weil sie das) wohl schwerlich vor dem 12ten Jahre ... gründlich vollbringen können. Die gesamten deutschen Schulen sollten in drei Arten gegliedert sein, in
> - Normalschulen
> - Hauptschulen
> - gemeine oder Trivialschulen.

Worterklärungen
Normalschulen: Musterschulen, in denen auch die Lehrer ausgebildet wurden
Hauptschulen: Mittelschulen
Trivialschulen: Volksschulen
Deutsche Schule: Gegensatz zu Lateinschule (Gymnasium)

M 5.5 Unterricht in einer österreichischen Knabenschule, um 1750

Aufgaben
a) Aus welchen Gründen wurde die Schulpflicht eingeführt?
b) Vergleiche das Schulsystem Maria Theresias mit unserer heutigen Schulgliederung!
c) Welche Bedeutung hat das Recht zum Besuch einer Schule für uns heute?

MATERIALIEN

M 5.6 Der absolutistische Staat übt Toleranz
Auch unter dem Nachfolger Maria Theresias, ihrem Sohn Joseph II. (1765 – 1790), wurde der Reformkurs in den Habsburger Ländern fortgesetzt. Die Kirche wurde unter staatliche Aufsicht gestellt und seit 1781 auch die freie Religionsausübung durch ein sogenanntes „Toleranzedikt" garantiert:

> … Der dominanten Religion allein solle der Vorzug des öffentlichen Religionsexerzitiums verbleiben, den beiden protestantischen Religionen aber so wie der schon bestehenden schismatischen aller Orten, wo es nach der Anzahl der Menschen und nach den Fakultäten der Inwohner tunlich fällt, das Privatexerzitium auszuüben erlaubt sein.
> Unter diesem Privatexerzitium versteht sich in Entgegenhaltung der dominanten Religion kein anderer Unterschied, als dass den Akatholischen, wo es nicht schon anders ist, kein Geläut, keine Türme und kein öffentlicher Eingang von der Gasse, der eine Kirche vorstellte, eingestanden, sonst aber selbe, wie sie wollen, zu bauen und alle Administrierung ihrer Sakramente und Ausübung ihres Gottesdienstes sowohl in dem Ort, als auch die Überbringung zu den Kranken in den dazu gehörigen Filialen vollkommen freigelassen sein soll.
> Fürohin können derlei Akatholiken zu Possessionen, zu dem Bürger- und Meisterrecht, zu akademischen Würden und selbst zu Zivil-Diensten unbedenklich zugelassen werden. Sie sind zu keiner anderen Eidesformel, als zu derjenigen, die ihren Religionsgrundsätzen gemäß ist, … in keinem Fall anzuhalten, ohne Rücksicht auf den Unterschied der Religion soll in allen Wahlen und Dienstvergebungen … nur auf die Geschicklichkeit und Rechtschaffenheit der Kompetenten auf ihren christlichen und moralischen Lebenswandel der vorzügliche Bedacht genommen werden …

Worterklärungen
dominant: herrschend
Religionsexerzitium: Religionsausübung
schismatische Religion: Griechisch-Orthodoxe Religion
Fakultät: hier: Ermessen, Möglichkeit
Privatexerzitium: private Ausübung
Akatholische: Nichtkatholische
Administrierung: Verwaltung, hier: Handhabung
Possession: Amt
Kompetent: Bewerber

Aufgaben
a) Wodurch wurde die Freiheit der Religion im 18. Jahrhundert möglich?
b) Was bedeutete der Nebensatz „wo es nicht schon anders ist"?
c) Wie ist die Religionsfreiheit heute in Deutschland garantiert?

MATERIALIEN

M 5.7 Eine Verwaltungsreform
Die Entwicklung führte in den aufgeklärten absolutistischen Staaten zur Erkenntnis, dass Verwaltung und Beamtentum den Erfordernissen der Zeit angepasst werden müssten. Joseph II. ordnete daher 1784 die Tätigkeit der Verwaltungsbehörden neu:

> Es ist nun drei Jahre her, dass ich die Last der Regierung des Staates auf mich nehmen musste. Seitdem habe ich weder Sorge, Mühe noch Geduld gespart, um meine Prinzipien, Regeln und Ansichten über alle Teile der Verwaltung hinreichend bekanntzumachen. Ich habe mich nicht damit begnügt, nur einfach ein für allemal zu befehlen, sondern habe jede Sache bis ins einzelne erklärt und entwickelt; ich habe durch gute Gründe und durch Aufklärung meiner Untertanen alles widerlegt und entkräftet, was nur die Wirkung tiefeingewurzelter Vorurteile und überkommener Gewohnheiten war. Ich habe allen Staatsdienern die Liebe zum Gemeinwohl, wie ich sie hege, und den Eifer, es zu fördern, wie er mich beseelt, einzuflößen versucht. Daraus folgt unweigerlich, dass jedermann nach meinem Beispiel bei allen seinen Handlungen kein anderes Ziel als den Nutzen und die Wohlfahrt der größtmöglichen Zahl (der Bürger) vor Augen haben sollte ...
>
> Die Mehrzahl der Beamten begnügt sich mit mechanischer Erledigung ihrer Geschäfte; niemand gibt sich Mühe, das Gute zu fördern und anderen vor Augen zu stellen; man beschränkt sich schließlich darauf, nur soviel zu tun, wie man allenfalls muss, um ein Verfahren oder Dienstentlassung zu vermeiden.
>
> Unmöglich kann man auf eine so mechanische und subalterne Art und Weise die Dienstgeschäfte mit Nutzen betreiben. Wer die Stellung eines Behördenchefs ... behaupten will oder anstrebt, muss sich von nun an wie folgt betätigen:
>
> 1. Jeder hat in den Archiven des Verwaltungszweiges, der ihm anvertraut ist oder dem er sich widmen will, ein neues Verzeichnis aller meiner Hauptverfügungen ... anzulegen und erneut mit der größten Aufmerksamkeit durchzustudieren ...
> 2. ... Ich hoffe für die Zukunft und werde es durchzusetzen wissen, dass alle Beamten, die der Staat bezahlt ..., alles in ihrer Macht Stehende tun, um die ihnen vorgeschriebenen Maßnahmen zu erfüllen und alle meine Befehle zur Durchführung zu bringen ...
> 3. Infolgedessen muss in allen Departements ohne Ausnahme jeder von solchem Eifer erfüllt sein, dass er, ohne Stunden, Tage oder geschriebene Seiten zu zählen, alle seine Kräfte anwendet, seinen Dienst so zu versehen, dass er seiner Pflicht und meinen Erwartungen vollkommen genügt.
> 4. Privatinteresse, welcher Art auch immer, bringt Korruption in die Dienstgeschäfte; dieses Vergehen kann einem Staatsdiener am wenigsten vergeben werden ...
> 5. Wer dem Staat dient oder dienen will, muss ... ganz auf sich selbst verzichten. Es gibt infolgedessen keinerlei Umstände, persönliche Angelegenheiten, keine Feste oder Vergnügungen, die ihn von dem eigentlichen Gegenstand seiner Amtspflichten abhalten dürfen, also dürfen ihn auch kein Kompetenzkonflikt, kein Streit um Zeremoniell, Geltung oder Rang davon abhalten, jederzeit mit größtem Eifer seinem hauptsächlichen Ziel nachzustreben ...
> 8. Da das Wohl nur eines sein kann, nämlich das der Allgemeinheit oder der größten Zahl, und die Provinzen der Monarchie ... auch nur ein und dasselbe Ziel haben können, müssen unbedingt alle Eifersüchteleien und Vorurteile, die bisher so viele sinnlose Schreibereien zwischen den Provinzen, den Nationen und den entsprechenden Departements verursacht haben, aufhören. ...

Worterklärungen
subaltern: untergeordnet, unselbständig
Departement: Verwaltungsbezirk
Korruption: Vorteilsnahme durch Bestechung
Kompetenz: Zuständigkeit
Archiv: Aufbewahrungsort für Schriftstücke

Aufgaben
a) Stelle die Missstände, die Joseph II. abschaffen wollte, in einer Liste zusammen!
b) Aus welchen Gründen legte Joseph II. seiner Verwaltung solch strikte Regeln auf?
c) Warum muss ein Beamter das durchführen, was die Gesetze und Vorschriften ihm vorschreiben?
d) Was bedeutet der Vorwurf „Filz", der heute häufig in politischen Auseinandersetzungen zu hören ist?

MATERIALIEN

M 6.1 Preußen bis 1786

Seit 1415 regierte das Geschlecht der Hohenzollern in der Mark Brandenburg als Kurfürsten. Es gelang den Herren dieses armen Landes in den folgenden Jahrhunderten, weitere Gebiete, die weit über das Deutsche Reich verstreut lagen, hinzu zu gewinnen. Seit der Reformationszeit gehörte auch das Herzogtum Preußen im Osten den Hohenzollern; sein Name bezeichnete seit dem 18. Jahrhundert ihren gesamten Staat.

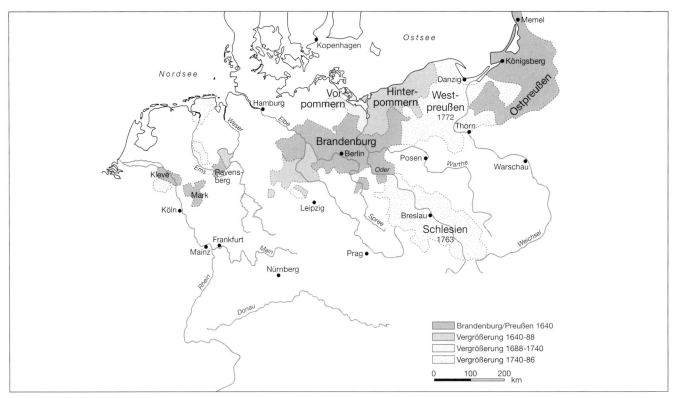

Aufgaben
a) Um welche Gebiete wurde Preußen jeweils vergrößert? – Vergleiche auch die Größen der jeweiligen Neuerwerbung gegenüber dem bisherigen Staatsgebiet!
b) Welche Probleme ergaben sich durch die besondere Lage der Staatsteile für Verwaltung und Wirtschaft Preußens?
c) In welchen Bundesländern und Staaten liegen die ehemaligen preußischen Gebiete heute?

M 6.2 Der Große Kurfürst über das Regieren

Gegen Ende des 30jährigen Krieges begann Friedrich Wilhelm von Hohenzollern, der „Große Kurfürst" (1640–1688), damit, sein an Bevölkerung und Wirtschaftskraft armes Land durch Reformen und wirtschaftsfördernde Maßnahmen auszubauen. Die politischen Rechte der Stände versuchte auch er möglichst zu umgehen oder auszuschalten, wie er in seinem politischen Testament für seine Nachfolger niederlegte:

> Nehmt Euch wohl in acht, dass Ihr nicht gar zu weitläufigen Hofstaat haltet, sondern zieht ihn nach Gelegenheit der Zeit ein, und reguliert allemal die Ausgabe nach den Einkünften, und lasst die berechneten Diener alle Jahre fleißige Rechnung ablegen. Wann der Kammerstaat wieder in gutem Stand ist, so werdet Ihr Mittel genugsam haben, und Ihr habt alsdann nicht Ursache, die Stände um Geld zu ersuchen oder anzusprechen. Auch ist es alsdann nicht nötig, viele und kostbare Landtage zu halten; denn je mehr Landtage Ihr haltet, je mehr Autorität Euch benommen wird, weil die Stände allezeit was suchen, so der Herrschaft an ihrer Hoheit nachteilig ist.

Worterklärung
Kammerstaat – Vermögen und Einkünfte des Staates

MATERIALIEN

M 6.3 Preußen wird Königreich
Als der Kurfürst von Sachsen, August der Starke, 1697 König von Polen wurde und das Haus Hannover durch Erbansprüche Aussicht auf die englische Krone bekam (die es 1714 erhielt), war es für das Kurfürstentum Brandenburg eine Prestigefrage, ebenfalls die Königswürde zu bekommen. Im Jahre 1700 erhielt Friedrich III. von Brandenburg die kaiserliche Zustimmung, sein zum polnischen Lehensverband gehörendes Herzogtum Preußen zum selbständigen Königreich zu erheben. Als Friedrich I. nannte er sich König in Preußen. Die Krönungsfeierlichkeiten fanden am 18. Januar 1701 im Schloss von Königsberg statt.

> Da es schwierig war, für die zahlreiche Hofgesellschaft auf der Reise von Berlin nach Königsberg Unterkunft zu schaffen, reiste der Hof in vier Abteilungen; in der zweiten Abteilung fuhr das kurfürstliche Paar mit 200 Personen Gefolge. Die Festlichkeiten, zu denen der Kurfürst selbst den Plan entworfen hatte, begannen mit einem Umritt der Hofbeamten und Kavaliere, die von vier Herolden in goldgestickten Kleidern, von Trompetern, Paukenschlägern und Dragonern geleitet wurden. Fünfmal hielt der Zug und ein Herold verkündete die Erhebung Preußens zum Königreich.
> An einem der nächsten Tage hielten die Ritter des neugestifteten Ordens vom Schwarzen Adler ihre erste Versammlung; die Ordensmitglieder nahten sich einzeln dem Throne des Königs, der ihnen das breite Ordensband um den Hals legte und die Hand zum Kusse reichte.
> Am 18. Januar erfolgte die Krönung. Im feierlichen Zuge begab sich der König nach dem großen Saal des Schlosses. Er trug ein scharlachfarbenes Kleid mit kostbarer Stickerei und Brilliantknöpfen, rote Strümpfe, einen langen Purpurmantel, der mit Hermelin ausgeschlagen war und durch eine Spange mit drei großen Diamanten zusammengehalten wurde. Als er auf dem Thron Platz genommen hatte, setzte er sich die Krone mit eigenen Händen aufs Haupt und ergriff das Zepter mit der rechten, den Reichsapfel mit der linken Hand. Hierauf begab er sich in die Gemächer der Königin und setzte ihr die Krone aufs Haupt. Dann zog das Königspaar mit großem Gefolge in die Kirche. Am Altar salbte der Oberhofprediger unter Segensworten dem König, darauf der Königin, die Stirn und den Puls. An den Gottesdienst schloß sich das Krönungsmahl im Schlosse an.

Aufgaben
a) Warum wurde die Krönungszeremonie mit solchem Aufwand vorgenommen? – Gibt es ähnliche moderne staatliche Zeremonien?
b) Welche Bedeutung hatte es, dass sich der Kurfürst selbst zum König krönte?

M 6.4 Die staatliche Verwaltung in Preußen
Der zweite Preußenkönig, Friedrich Wilhelm I. (1713-1740), errichtete in seinem Staat eine wirksame Zentralverwaltung, an deren Spitze er selbst stand. Wie die Aufgaben der einzelnen Behörden- und Regierungsteile beschaffen sein sollten, ließ der König 1722 in einer selbstverfassten Regelung niederschreiben.

> Die Aufgabe der Minister ist, dass sie fleißig über die vier Departements zuzusehen haben, damit fleißig gearbeitet werde ... Wenn einer von den vier Herren krank ist, so müssen die anderen Herren seine Arbeit mit übernehmen. Alle Entwürfe werden von allen vier Ministern revidiert und gegengezeichnet ... Sie sollen immer montags, mittwochs, donnerstags, freitags im Kollegium zusammenkommen – nicht in (ihren) Häusern – und alles gemeinsam beraten ... . Im Sommer sollen sie zusammenkommen um 7 Uhr früh, des Winters um 8 Uhr und sollen nicht eher auseinandergehen, bis alles und alles im jeweiligen Departement abgetan sei. Und können sie in einer Stunde fertig werden, so gehen sie auseinander. Können sie nicht fertig werden, so sollen sie bis abends um 6 Uhr zusammen bleiben. Dero wegen befehle ich, dass vier Gerichte Essen aus meiner Küche nach oben gebracht werden sollen. Dann können etliche essen, die Hälfte arbeiten, die andere Hälfte wieder essen und die andere Hälfte wieder arbeiten, also mein Dienst rechtschaffen befördert werden wird.

Worterklärungen
Departement - Verwaltungsbereich, Ministerium
revidiert - geprüft
Kollegium - Verwaltungsorgan

MATERIALIEN

M 6.5 Das Tabakskollegium König Friedrich Wilhelms I.

Aufgaben
a) In welcher Form herrschte Friedrich Wilhelm über Preußen?
b) Warum wurde der Verwaltungsablauf durch den König so strikt geregelt?
c) Welche Vorteile bot eine geregelte Verwaltung für einen Staat wie Preußen – Vergleiche auch mit Frankreich.

M 6.6 Gedenkmünze aus dem Jahre 1700 mit einer Perspektivansicht der Festung Berlin
Nach dem 30jährigen Krieg wuchs die Bevölkerung der Hauptstadt des Kurfürstentums Brandenburg, Berlin, rasch an. 1688 lebten 20.000, zwanzig Jahre später bereits 57.000 Menschen hier. Unter dem Großen Kurfürsten begann die Erweiterung der Doppelstadt Berlin-Cölln mit Friedrichswerder (1658) und der Dorotheenstadt (1670). Sein Nachfolger, König Friedrich I., ließ im Westen die nach ihm benannte Friedrichstadt (1688) bauen.

MATERIALIEN

M 6.7 Über den Ausbau Berlins
Über die weitere Entwicklung Berlins zur Zeit Friedrich Wilhelms I. berichtete sein Sohn Friedrich II.

Berlin war gleichsam das Vorratshaus des Mars. Alle für eine Armee brauchbaren Handwerker kamen daselbst empor, und ihre Arbeiten wurden in ganz Deutschland gesucht. Man errichtete bei Berlin Pulvermühlen, in Spandau siedelten sich Schwertfeger, in Potsdam Waffenschmiede und in Neustadt Eisen- und Kupferarbeiter an. Der König bewilligte allen, die sich in den Städten seines Reiches ansiedeln wollten, Freiheiten und Belohnungen. Er erweiterte die Hauptstadt um das ganze Viertel der Friedrichstadt und bedeckte die Plätze, wo früher der Wald war, mit Häusern. Er erbaute Potsdam, das damals kaum 400 Einwohner hatte, jetzt über 20.000 zählt, und bevölkerte es. Er baute nichts zu eigenem Gebrauche, sondern alles für seine Untertanen. Die damalige Bauart trägt durchweg den holländischen Geschmack; es wäre zu wünschen gewesen, dass die vielen Ausgaben dieses Fürsten für Gebäude durch bessere Baumeister geleitet worden wären. Es ging ihm wie allen Städteerbauern, die, nur mit der inneren Festigkeit ihrer Pläne beschäftigt, größtenteils nicht darauf achteten, obwohl es mit denselben Unkosten geschehen konnte, sie mehr zu verschönern und auszuschmücken.

Worterklärungen
Mars: römischer Kriegsgott
Schwertfeger: Hersteller von Schwertern

M 6.8 Der Bau der Oranienburger Straße in Berlin 1735

Aufgaben
a) Vergleiche die Stadterweiterungen Berlins seit Mitte des 17. Jahrhunderts mit den mittelalterlichen Grundrissen von Berlin und Cölln!
b) Nach welchen Gesichtspunkten werden heute Stadtplanungen vorgenommen?
c) Beschreibe die Bauarbeiten von 1735 (Oranienburger Straße). Nenne Unterschiede zur heutigen Art des Bauens.
d) Lasst euch von eurem Bundestagsabgeordneten über die Gründe informieren, warum Berlin zur Hauptstadt des vereinigten Deutschlands bestimmt wurde!

MATERIALIEN

M 6.9 Preußen – ein Militärstaat?
Während der Herrschaft Friedrich Wilhelms I. („Soldatenkönig") wurde die preußische Armee auf 85.000 Mann erhöht; sein Sohn Friedrich II. verdoppelte die Truppenstärke sogar noch. Da eine so große Truppe nicht allein aus dem eigenen Land rekrutiert werden konnte, wurden auch im Ausland Soldaten angeworben. Einer von ihnen, der Schweizer Ulrich Bräker berichtete:

> Bald alle Wochen hörten wir nämlich neue ängstigende Geschichten von eingebrachten Deserteurs, die, wenn sie noch so viele List gebrauchten, sich in Schiffer und andre Handwerksleuthe, oder gar in Weibsbilder verkleidet, in Tonnen und Fässer versteckt, u. d. gl. dennoch ertappt wurden. Da mussten wir zusehen, wie man sie durch 200 Mann, achtmal die lange Gasse auf und ab Spießruthen laufen ließ, bis sie atemlos hinsanken – und des folgenden Tags aufs neue dran mussten; die Kleider ihnen vom zerhackten Rücken heruntergerissen, und wieder frisch drauf losgehauen wurde, bis Fetzen geronnenen Bluts ihnen über die Hosen hinabhingen. Dann sahen Schärer und ich einander zitternd und todtblass an, und flüsterten einander in die Ohren: „Die verdammten Barbaren!" Was hiernächst auch auf dem Exerzierplatz vorging, gab uns zu ähnlichen Betrachtungen Anlass. Auch da war des Fluchens ... von prügel-süchtigen Jünkerlins, und hinwieder des Lamentierens der Geprügelten kein Ende. Wir selber zwar waren immer von den ersten auf der Stelle und tummelten uns wacker. Aber es that uns nicht minder in der Seele weh, andre um jeder Kleinigkeit willen so unbarmherzig behandelt, und uns selber so Jahr ein Jahr aus, coujoniert zu sehn; oft ganzer fünf Stunden lang in unsrer Montur eingeschnürt wie geschraubt stehn, in die Kreutz und Querre pfahlgerecht marschieren, und ununterbrochen blitzschnelle Handgriffe machen zu müssen; und das alles auf Geheiß eines Offiziers, der mit einem furiosen Gesicht und aufgehobnem Stock vor uns stuhnd, und alle Augenblick wie unter Kabisköpfe drein zu hauen drohete. Bey einem solchen Traktament musste auch der starknervigste Kerl halb lahm, und der geduldigste rasend werden. Und kamen wir dann todmüde ins Quartier, so giengs schon wieder über Hals und Kopf, unsre Wäsche zurecht zu machen, und jedes Fleckgen auszumustern; denn bis auf den blauen Rock war unsre ganze Uniform weiß. Gewehr, Patronentasche, Kuppel, jeder Knopf an der Montur, alles musste spiegelblank geputzt seyn. Zeigte sich an einem dieser Stücke die geringste Unthat, oder stand ein Haar in der Frisur nicht recht, so war, wenn er auf den Platz kam, die erste Begrüßung eine derbe Tracht Prügel ... Selbst den Sonntag hatten wir nicht frey; denn da mussten wir auf das properste Kirchenparade machen.

Worterklärungen
coujonieren: quälen Kabiskopf: Kohlkopf Traktament: Behandlung Kuppel: Koppel
Montur: Uniform furios: zornig proper: sauber

Aufgaben
a) Welche Bedeutung hatte das Militär für den preußischen König, welche für Wirtschaft und Bevölkerung?
b) Wie sind M 6.8 und M 6.9 zu bewerten? – Wie sah es mit der Wertschätzung der Soldaten in Preußen aus?
c) Was ist unter Drill – was unter Schikane zu verstehen? – Wie werden solche Begriffe in der Bundeswehr gehandhabt? – Informiere dich!

M 6.10 Soldatenwerbung

MATERIALIEN

M 6.11 Das Hugenottenedikt von 1685
Die Verfolgung der Hugenotten in Frankreich führte nach dem 30jährigen Krieg zu einer Zuwanderung von etwa 20.000 Glaubensflüchtlingen nach Brandenburg-Preußen, wo ihnen der Kurfürst 1685 im „Potsdamer Edikt" unter anderem Steuerbefreiung, zinslose Darlehen, kostenloses Land und Baumaterial gewährte.

> Wir Friedrich Wilhelm, Thun kund und geben männiglichen hiermit zu wissen, nach dem die harten Verfolgungen und rigoureusen proceduren, womit man eine Zeithero in dem Königreich Frankreich wider Unsere der Evangelisch-Reformirten Religion zugethane Glaubens-Genossen verfahren, viel Familien veranlasset, ihren Stab zu versetzen und aus selbigem Königreiche hinweg in andere Lande sich zu begeben, dass Wir dannenher aus gerechtem Mitleiden, welches Wir mit solchen Unsern, wegen des heiligen Evangelii und dessen reiner Lehre angefochtenen und bedrengten Glaubens-Genossen billig haben müssen, bewogen werden, mittels dieses von Uns eigenhändig unterschriebenen Edicts denenselben eine sichere und freye retraite in alle Unsere Lande und Provincien in Gnaden zu offeriren, und ihnen daneben Kund zu Thun, was für Gerechtigkeiten, Freyheiten und Prairogativen Wir ihnen zu concediren gnädigst gesonnen seyen, und dadurch die große Noth und Trübsal, womit es dem Allerhöchsten nach seinem allein weisen unerforschlichen Rath gefallen, einen so ansehnlichen Theil seiner Kirche heimzusuchen, auf einige Weise zu subleviren und erträglicher zu machen.

Worterklärungen

männiglich: jedermann
eine Zeithero: eine Zeitlang
Edict: Erlass
Prairogative: Vorrechte
subleviren: unterstützen; helfen

rigoureuse proceduren: strenge Behandlungen
dannenher: daher
freye retraite: freie Zuwanderung
concediren: einräumen; gewähren
offeriren: anbieten

Aufgaben
a) Der Große Kurfürst riet seinem Nachfolger, das Besteuerungsrecht der Stände durch besonders sparsame Staatsführung zu umgehen. Wie gingen die anderen absolutistischen Herrscher mit den politischen Rechten der Stände um?
b) Welche Absichten verfolgte der Kurfürst Friedrich Wilhelm mit der Aufnahme der Hugenotten in Brandenburg?
c) Woran kann man erkennen, dass der Dichter Theodor Fontane aus einer Hugenottenfamilie stammte?

MATERIALIEN

M 6.12 Die Herrschaft der Habsburger/ Aus Brandenburg wird Preußen

1. Es gibt historische Ursachen /Verbindungen für die heutigen Zustände auf dem Balkan.

	richtig	falsch
a) Die Eroberung großer Teile des Balkans durch Österreich-Ungarn und die Vertreibung der Türken vor 300 Jahren.	( )	( )
b) Die bis 1918 andauernde Herrschaft der Habsburger.	( )	( )
c) Das Balkangebiet war schon in römischer Zeit politisch schwierig.	( )	( )

2. Welche Bedeutung hatte die weibliche Erbfolge für die habsburgische Monarchie?
   a) Sie verhinderte ein Auseinanderfallen der habsburgischen Länder. ( )
   b) Sie führte zu den Kriegen 1740, 1744, 1756–1763. ( )
   c) Die Außenpolitik Habsburgs wurde durch die weibliche Nachfolge leichter. ( )

3. Warum kann man die Politik unter Maria Theresia und Joseph II. als „aufgeklärt" bezeichnen?
   a) Die Einwohner bekamen mehr Mitspracherechte. ( )
   b) Es wurden Reformen in den Bereichen Schule, Verwaltung, Justiz, Religion durchgeführt. ( )
   c) Maria Theresia und Joseph II. förderten die Wissenschaften. ( )

4. Mit welchen Maßnahmen schafften es die Kurfürsten/Könige von Brandenburg/Preußen, ihren Staat zu einer Großmacht zu entwickeln?
   a) Reformen in der Verwaltung ( )
   b) Stehendes Heer ( )
   c) Ansiedlung von Glaubensflüchtlingen ( )
   d) Vergrößerung des Staatsgebiets ( )
   e) Sparsame Haushaltsführung ( )

5. Der Kurfürst von Brandenburg machte sich 1701 zum König in Preußen. Welche Auswirkungen hatte dies auf den Gesamtstaat?
   a) Ein König besaß mehr Ansehen als ein Kurfürst. ( )
   b) Ein König hatte mehr Macht als ein Kurfürst. ( )
   c) Der neue Staatsname sorgte für einen besseren Zusammenhalt der Einzelterritorien ( )

6. Welche Bedeutung hatte das Militär für Preußen?
   a) Das Militär hatte nur geringe Einflüsse. ( )
   b) Das Militär beeinflusste viele Bereiche des Staates. ( )
   c) Preußen benötigte das Militär wegen des zersplitterten Staatsgebietes. ( )

MATERIALIEN

M 7.1 Karlsruhe, Residenz des Markgrafen von Baden-Durlach, 1715
In der Zeit des Absolutismus entwickelte sich als Kunststil der Barock, der viele Lebensbereiche prägte, besonders Architektur, Mode, Literatur und Kunst. Seine Kennzeichen waren aufwendige Schmuckformen und kostbare Materialien, verbunden mit einer besonderen Pracht-entfaltung. Das große Vorbild für viele Fürsten war Ludwig XIV. Neue Residenzen, Schlösser und Gartenanlagen entstanden im Barockstil, aber auch Kirchen und Bürgerhäuser.

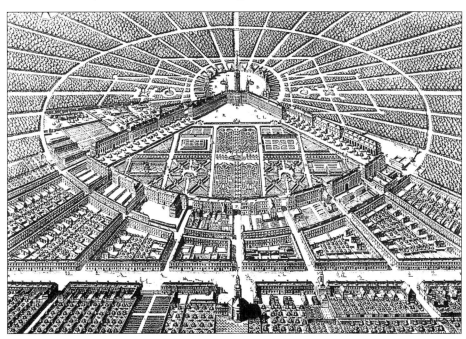

M 7.2 Schloss Augustusburg zu Brühl, Grundriss. Zustand vor 1945
Residenz der Kurfürsten von Köln, von 1725–1768 erbaut durch Kurfürst-Erzbischof Clemens August.

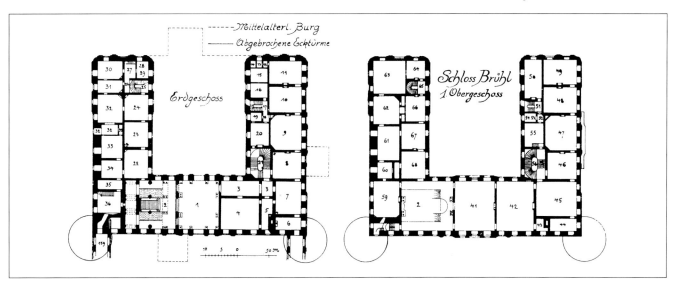

Erdgeschoss
1. Vestibül; 2. Treppenhaus;
4. Sommerspeisesaal; 5. Anrichte
6.–11. Sommerappartement
22./23. Ritterstube und erstes
Vorzimmer des Blauen Winterappartements

Erstes Obergeschoss:
2. Treppenhaus; 41.–50. Großes Neues Appartement;
59.–68. Gelbes Appartement;
63./64. Musikzimmer und Indianisches Lackkabinett
(im 2. Weltkrieg zerstört).

Worterklärungen
Vestibül: Vorhalle
Appartement: Wohnung
Indianisches Lackkabinett: mit indianischen Motiven geschmücktes Zimmer

MATERIALIEN

M 7.3 Garten und Schloss Sanssouci bei Potsdam um 1760

M 7.4 Schloss Nordkirchen im Münsterland (heutiger Zustand)

MATERIALIEN

M 7.5 Wiederaufbauplan der Frauenkirche in Dresden
In den Jahren 1726 bis 1743 wurde nach Plänen des Baumeisters George Bähr in Dresden die Frauenkirche erbaut. Im Jahre 1945 fiel sie einem verheerenden Bombenangriff auf die Stadt zum Opfer und blieb als Trümmerhaufen und Mahnmal bis nach der „Wende" erhalten. Seit wenigen Jahren wird die Frauenkirche mit Hilfe der alten Bausubstanz rekonstruiert.

Aufgaben
a) Suche an deinem Wohnort oder in der Umgebung Beispiele für barocke Bau- und Gartenkunst und informiere dich über ihre Geschichte!
b) Warum ließen Adel, Kirche und Bürger derart prächtige Anlagen und Bauwerke errichten?
c) Aus welchen Gründen werden die noch vorhandenen Barockbauten und Gärten erhalten, restauriert oder wieder aufgebaut?
d) Warum wird Schloss Nordkirchen auch als das „Westfälische Versailles" bezeichnet?
e) Erkläre, warum es im Schloß Brühl keine Korridore gibt!

MATERIALIEN

M 7.6 Ein Barockhaus des 18. Jahrhunderts (Bastelbogen)

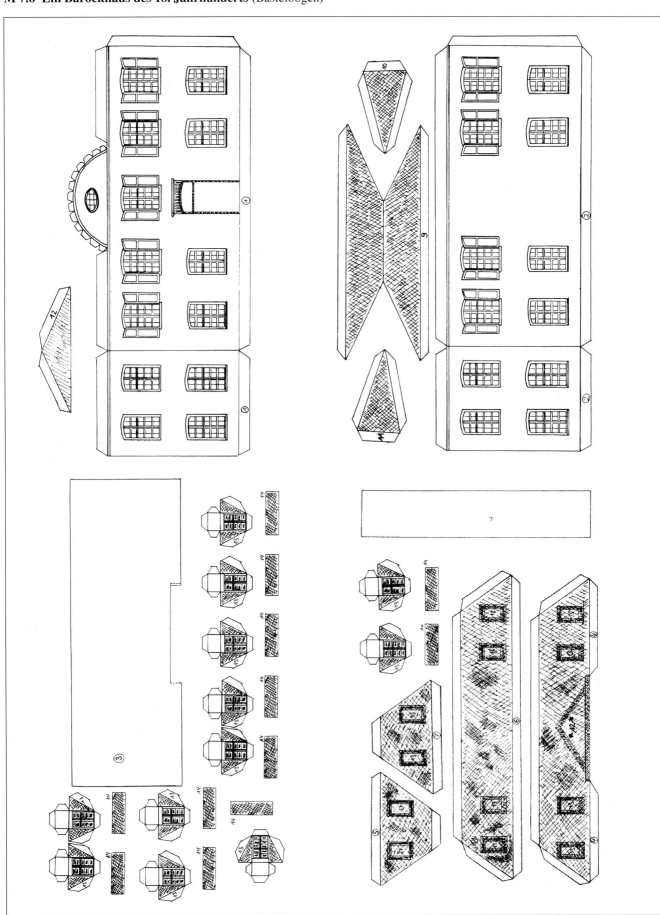

86

MATERIALIEN

(M 7.6 Bauanleitung)

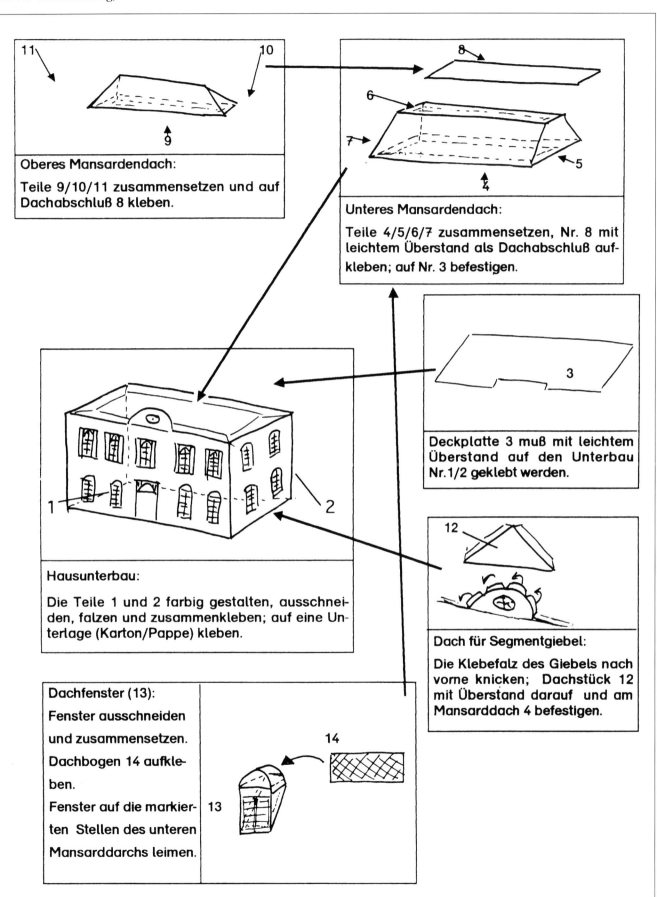

Oberes Mansardendach:
Teile 9/10/11 zusammensetzen und auf Dachabschluß 8 kleben.

Unteres Mansardendach:
Teile 4/5/6/7 zusammensetzen, Nr. 8 mit leichtem Überstand als Dachabschluß aufkleben; auf Nr. 3 befestigen.

Deckplatte 3 muß mit leichtem Überstand auf den Unterbau Nr.1/2 geklebt werden.

Hausunterbau:
Die Teile 1 und 2 farbig gestalten, ausschneiden, falzen und zusammenkleben; auf eine Unterlage (Karton/Pappe) kleben.

Dach für Segmentgiebel:
Die Klebefalz des Giebels nach vorne knicken; Dachstück 12 mit Überstand darauf und am Mansarddach 4 befestigen.

Dachfenster (13):
Fenster ausschneiden und zusammensetzen. Dachbogen 14 aufkleben.
Fenster auf die markierten Stellen des unteren Mansarddarchs leimen.

MATERIALIEN

M 7.7 Mode Pariserin in Paradekleid und Kurfürst Clemens August

M 7.8 Im Park von Schloss Belvedere, Wien
Die Kleidung in der Zeit des Absolutismus unterlag Moden wie heute. Allerdings gab es obrigkeitliche Regeln für das Tragen von Kleidung, sogenannte Kleiderordnungen. Die „einfache" Bevölkerung trug auch „einfache" Kleidung, versuchte aber, die prunkvollen Barockgewänder der höheren Stände nachzuahmen. Eine Besonderheit der Barockmode waren die aufwändigen Allonge-Perücken für Frauen und Männer.

MATERIALIEN

M 7.9 Mode im Rokoko (Ausschneidebogen)

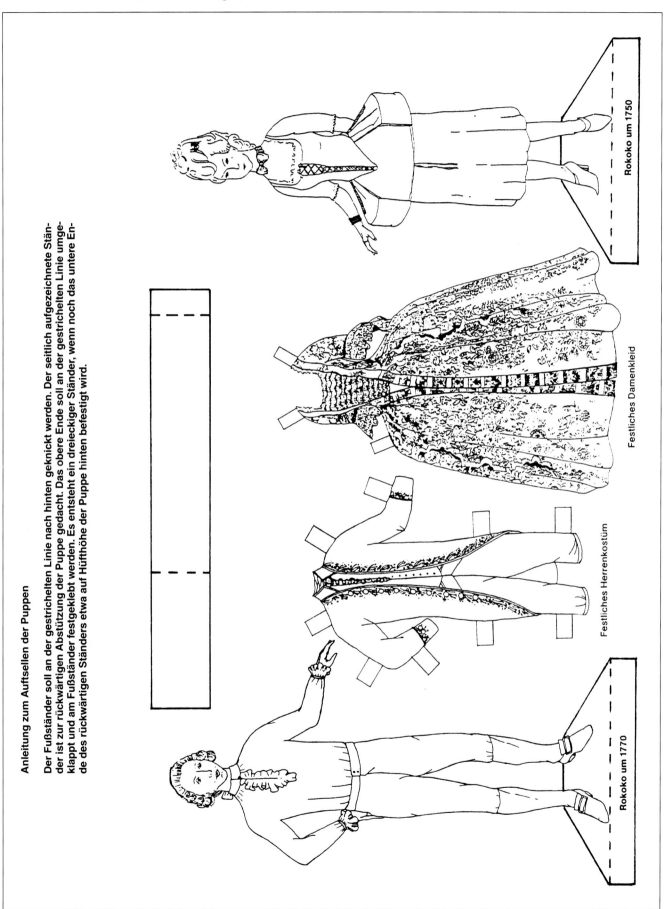

89

MATERIALIEN

M 7.10 Eine Kleiderordung des Kurfürsten von Köln, 1767

Von Gottes Gnaden Wir Maximilian Friderich Ertzbischof zu Cölln, des heiligen Röm. Reichs durch Italien Ertzcantzler/ und Churfürst / Legatus Natus des heiligen Apostolischen Stuhls zu Rom / Bischof zu Münster / in Westfalen / und zu Engeren Hertzog / Burggraf zu Stromberg / Graf zu Königsegg-Rottenfels / Herr zu Odenkirchen / Borckelohe / Werth / Aulendorf / und Stauffen etc. etc.
Demnach Wir auf unterthänigstes Bitten Unserer treu gehorsamster Landständen Unseres Vestes Recklinghausen genädigst bewogen worden, dem bey Unsern Unterthanen daselbst zum mercklichen Verderb des Landes in Tragung überstandesmäßiger kostbarer Kleidung zeither wahrzunehmen gewesenem Mißbrauch durch eine Landesherrliche Verordnung den strackesten Einhalt zu machen, sofort hierunter die gebührende, und genauest zu befolgende Maaßregeln vorzuschreiben; Wir also in sothanen Unsern getreuen Unterthanen ersprießlichsten Fürst-vätterlichen Absichten folgendes zu verordnen gnädigst für gut befunden haben:
1mo: Soll der gemeine Baursmann, oder Taglöhner auf dem Lande keine andere, dann innerhalb Lands verfertigte Tücher, Stoffen, Hüth, und Strümpfe, sodann
2do: kein Gold, Silber, noch Seiden an ihrem Leib auf irgend eine Art zur Kleidung tragen, wie dann auch
3tio: derenselben Weiber, und Kinder noch vielweniger das Gesinde einige Kleinodien, Perlen, Gold, oder Silbers, wie auch was überguldet, oder übersilbert ist, sofort keines Sammet, noch einiges Seiden-Stoffs, oder sonstiger Seiden Waaren, sie mögen von einer Gattung sein, wie sie nur immer wollen, weder Spitzen, Citzen, und dergleichen sich zu ihrer Leibs-Kleidung bedienen, sondern mit gemeinen, innerhalb Lands fabricirtem, Stoff, oder Tuch lediglich begnügen sollen.
4to: Die Bürger in denen Städten Dorsten, und Recklinghausen, wie auch Kauf- und Gewerbs-Leute, nicht weniger jene, die von ihren Zinns- und Rhenten leben, angelangend, so mögen Wir zwar gnädigst geschehen lassen, dass sie Kleider von ausländischem Tuch, wovon jedoch die Ehle nicht über zwey Rthlr kostet, Camelot, und andern guten Stoff mit etwa einer seidenen Veste - imgleichen goldene Ring tragen, hingegen sollen sich dieselbe atlingen Sammet, Damasts, Atlas, oder sonstigen Seiden Stoffs für Röcke, wie auch Gold, oder Silbers nicht weniger deren Marder-Zobel oder Hermelin- und dergleichen kostbaren Pelzen für Futter gänzlich äussern; übrigens mögen zwarn ihre Ehefrauen, und Töchter, auch andere Jungfrauen sich ihrem Stand gemäß ehrlich bekleiden, nichts destoweniger sollen sie seidener, damastener, und anbey mit Gold, oder Silber besetzter Kleidung sich allerdings enthalten.
5to: Die Schreiber, Secretarien, Vögte, Rhentmeistere, und Pflegere, wann sie sonst in keiner vorzüglicher, oder nicht in churfürstl. Bedienung stehen, sodann ihre Frauen, und Kindere sollen sich nach Vorschrift vorgesetzten 4ten §phi gehorsamst fügen, und betragen, wie dann
6to: Unsere gnädigste Willens Meynung überhaupt dahin abzielet, damit ein jeder in Kleidung seines Leibs die Schranken seines Standes keineswegs überschreite, ... , mithin nur solcher Kleidungen sich bediene, wodurch eines Theils die Ehrbarkeit beybehalten, und andern Theils eines jeden Stand, und Wesen erkannt werden möge; ...
Wir gebieten demnach Unseren Statthaltern Vestes Recklinghausen ... allen Ernstes daran zu seyn, damit diese Unsere Landsherrliche Verordnung von jedermann, den es angehet, genauerst befolget, des Endes sofort behöriger Orten, und maßen verkundet, und affigiret, gegen die Uebertrettere aber nebst Confiscation der, diesem Edicto widriger, Kleidung mit einer, denen Umständen nach, abgemessener Straf ohne die mindeste Rücksicht verfahren werde.
Urkundt dieses. Geben in Unserer Residenz Stadt Bonn den 30ten Junii 1767.
Maximilian Fridrich Churfürst.

Worterklärungen
1mo usw.: primo, secundo, tertio, quarto, quinto, sexto (lat.)
Legatus Natus: Ehrentitel des Erzbischofs von Köln als „geborener Gesandter" des Papstes
Citzen: Kattunartiges Baumwollgewebe
Rthlr: Reichstaler
atlingen: etlichen, irgendwelchen
Vögte: Justizbeamte
Atlas: Seidengewebe
Pflegere: allgem. Bezeichnung für landesherrliche Beamte
Edicto: Erlass

Vest Recklinghausen: Teil des Kurfürstentums Köln (im heutigen Ruhrgebiet)
Kleinodien: Schmuckstücke
Sammet: Samt, Seiden- oder Baumwollgewebe
Ehle: Elle, Längenmaß von ca 57,6 cm
Camelot: Gewebe aus Wolle/Baumwolle
Damast: Seidengewebe, nach dem Ursprungsort Damaskus benannt
Rhentmeistere: Finanzbeamter
affigiren: anschlagen
Confiscation : Beschlagnahme

Aufgaben
a) Übertragt gemeinsam den Text in heutiges Deutsch! Vereinfacht dabei die umständlichen Satzkonstruktionen!
b) Worüber gab in der Barockzeit die Kleidung Auskunft?
c) Kann heute von der Kleidung auf die Stellung des Trägers geschlossen werden?
d) Aus welchen Gründen erließen die Fürsten Kleiderordnungen? Warum hatten sie damit meist wenig Erfolg?
e) Wie wurden damals neue Gesetze und Verordnungen bekannt gemacht?
f) Gibt es heute noch Statussymbole?
g) Male den Ausschneidebogen M 7.9 farbig an und setze die Puppen zusammen!

MATERIALIEN

M 7.11 Ein Komponist des Barock: Georg Friedrich Händel 1749 und 1748

M 7.12 Hörbeispiele: Die Wassermusik-Suiten Nr. 1. u. Nr. 2 und die Feuerwerks-Musik von Georg Friedrich Händel

Aufgaben
a) Welche Instrumente hörst du aus der Feuerwerksmusik von Händel heraus?
b) Bewege dich nach dem Menuett aus G. F. Händels „Wassermusik". Welche Bewegungsformen sind dabei angemessen?
c) Warum wurde Musik, wie Händel sie schrieb, an den Fürstenhöfen bevorzugt?
d) Erkläre die Bezeichnungen Wassermusik und Feuerwerksmusik!

G Quellenverzeichnis

M 1.1	Europa im Zeitalter des Absolutismus, 1721 Entwurf des Verfassers
M 1.2	Die spanischen Stände und der König Nach: *Lafuente*: Historia General de España, Bd. 14, 1854, S. 395 f. Klett-Cotta, Stuttgart
M 1.3	Philipp II. über das Regieren Ludwig Pfandl, Philipp II., München 1938, S. 548
M 1.4	Spanien zur Zeit Philipps II., 1556-1598 Spanien Portugal Ploetz. Klaus-Jörg Ruhl u. a., Verlag Ploetz, Freiburg 1998. Bevölkerungs-Ploetz, Band II, bearbeitet von E. Kirsten u. a..Verlag Ploetz Freiburg-Würzburg 1955
M 1.5	Philipp und die Sicherung seiner Macht Aus einem Bericht des florentinischen gesandten, 1587, übersetzt nach Rauke: Die Osmanen u. die Spanische Monarchie im 16. und 17. Jh.; Analecten II. Klett-Cotta, Stuttgart
M 1.6	Der Escorial, Gemälde von Michel Auge Houasse, Foto: AKG Berlin
M 1.7	Offene Rebellion gegen den spanischen König Georg Weber: Allgemeine Weltgeschichte Bd. XI., Leipzig ^{2}1886, S. 630, gekürzt
M 1.8	Die Niederlande im 16. und 17. Jahrhundert Entwurf des Verfassers
M 2.1	Die Unterdrückung der Stände in Frankreich Unterdrückung der Stände in der Provence. In: Geschichte in Quellen, Renaissance, Glaubenskämpfe, Absolutismus, hrsg. v. W. Lautemann u. M. Schlenke, bearb. v. F. Dickmann. München: Bayerischer Schulbuch Verlag ^{3}1982, S. 433 ff.
M 2.2	Die Rolle des Adels – Kardinal Richelieu über den Adel Richelieu, politisches Testament. Klassiker der Politik, Bd. 14, übers. von F. Schmidt, Verlag Reimar Hobbing: Berlin 1926, S. 95 – Saint Simon über den Hofdienst des Adels G. Guggenbühl/Hans C. Huber (Hrsg.), Quellen zur Allgemeinen Geschichte Bd. 3., Schulthess Verlag: Zürich 1965, S. 269
M 2.3	Ludwig XIV. Gemälde von Hyacinthe Rigaud, 1701, Paris, Louvre
M 2.4	Die Rolle des Königs – Memoiren Ludwigs XIV. Ludwig XIV.: Memoiren, Kompass Verlag: Basel 1931, S. 81 – Bossuet über Ludwig XIV. H. Krieger, Materialien für den Geschichtsunterricht Bd. IV., Verlag Moritz Diesterweg: Frankfurt o.J., S. 125, gekürzt – Der Arbeitstag Ludwigs XIV. In: Geschichte in Quellen, Renaissance, Glaubenskämpfe, Absolutismus, hrsg. v. W. Lautemann u. M. Schlenke, bearb. v. F. Dickmann. München: Bayerischer Schulbuch Verlag ^{3}1982, S. 425 f.
M 2.5	Regierung im absolutistischen Staat, Memoiren Ludwigs XIV. In: Geschichte in Quellen, Renaissance, Glaubenskämpfe, Absolutismus, hrsg. v. W. Lautemann u. M. Schlenke, bearb. v. F. Dickmann. München: Bayerischer Schulbuch Verlag ^{3}1982, S. 426 f.
M 2.6	Spanien zur Zeit Philipps II., 1556-1598 Spanien Portugal Ploetz. Klaus-Jörg Ruhl u. a., Verlag Ploetz, Freiburg 1998. Bevölkerungs-Ploetz, Band II, bearbeitet von E. Kirsten u. a..Verlag Ploetz Freiburg-Würzburg 1955
M 2.7	Plan von Schloss Versailles Putzger, Historischer Weltatlas, 102. Auflage, © 1992, Cornelsen Verlag, Berlin, S. 80 Das Schloss von Versailles Gemälde von P.-D. Martin, 1722, Paris, Louvre

Quellenverzeichnis G

M 2.8	Das Leben am Hof. Norbert Elias, Die höfische Gesellschaft, stw 423. © Suhrkamp Verlag; Frankfurt am Main, 1983, S. 126 f
M 2.9	Spaziergang im Park von Versailles Der Schlossgarten von Versailles, Gemälde von P.-D. Martin, Museum Versailles
M 2.10	Die Kriege Ludwigs XIV. Hans Georg Kirchhoff und Klaus Lampe (Hrsg.): Geschichte und Gegenwart Ausgabe N, Band 8, Verlag Schöningh, Paderborn 1987, S. 70
M 2.11	Liselotte von der Pfalz über die Kriege Die Briefe der Liselotte von der Pfalz., München 1960, S. 54 ff., gekürzt
M 2.12	Die Zerstörung der Reichsstadt Worms, 1689, Kulturinstitute der Stadt Worms
M 2.13	Absolutismus in Spanien und Frankreich Entwurf des Verfassers
M 3.1	Neues Denken – Was ist Aufklärung? – Kant Titelblatt der „Berlinischen Monatsschrift", Dezember 1784, entnommen aus: Zeiten und Menschen B 3, hg. von R. H. Tenbrock/K. Kluxen, Verlag Schöningh, Paderborn 1977, S. 38 – Galilei, 1632 Propyläen Weltgeschichte Bd. 7, Propyläen Verlag: Berlin 1964, S. 470 – Descartes, 1637 R. Descartes, Abhandlungen über die Methode des richtigen Vernunftgebrauchs. Reclam 3767: Stuttgart, S. 18 f.
M 3.2	Neue Auffassungen von Religion und Staat – P. H. D. von Holbach über die Religion, 1787 Gottfried Guggenbühl/Hans C. Huber (Hrsg.), Quellen zur Allgemeinen Geschichte Bd. 3; Schulthess Verlag: Zürich 1965, S. 338 – Rousseau, Menschenrechte J. J. Rousseau, Der Gesellschaftsvertrag, Stuttgart 1963, S. 30 und 36, gekürzt – Montesquieu, Die Gewaltenteilung Charles Montesquieu, Vom Geist der Gesetze 1748 In: Geschichte in Quellen, Renaissance, Glaubenskämpfe, Absolutismus, hrsg. v. W. Lautemann u. M. Schlenke, bearb. v. F. Dickmann. München: Bayerischer Schulbuch Verlag ³1982, S. 716.
M 3.3	Einschiffung hessischer Söldner nach Amerika Bildarchiv Preußischer Kulturbesitz, Staatsbibliothek Berlin
M 3.4	Handel mit Soldaten: Vertrag mit dem Fürsten von Waldeck In: Geschichte in Quellen, Renaissance, Glaubenskämpfe, Absolutismus, hrsg. v. W. Lautemann u. M. Schlenke, bearb. v. F. Dickmann. München: Bayerischer Schulbuch Verlag ³1982, S. 659.
M 3.5	Kritik am Fürsten Erlass des Herzogs von Württemberg In: Geschichte in Quellen, Renaissance, Glaubenskämpfe, Absolutismus, hrsg. v. W. Lautemann u. M. Schlenke, bearb. v. F. Dickmann. München: Bayerischer Schulbuch Verlag ³1982, S. 660.
M 3.6	Schule in Preußen Bericht des Karl Friedrich von Klöden über die Stadtschule in Preußisch Friedland, um 1790 Peter Lahnstein, Report einer guten alten Zeit. Zeugnisse und Berichte, 1750-1805, Kohlhammer, Stuttgart 1971.
M 3.7	Die Dampfpumpe des Thomas Newcomen, 1711 Science Museum/Science & Society Picture Library, London
M 3.8	Erfindungen und Entdeckungen Zusammenstellung durch den Verfasser
M 3.9	Das Wirtschaftssystem des Merkantilismus. Denkschrift des Finanzministers Colbert. In: Geschichte in Quellen, Renaissance, Glaubenskämpfe, Absolutismus, hrsg. v. W. Lautemann u. M. Schlenke, bearb. v. F. Dickmann. München: Bayerischer Schulbuch Verlag ³1982, S. 448.

G Quellenverzeichnis

M 3.10	Nadelherstellung in einem mittelalterlichen Handwerksbetrieb und in einer Manufaktur – Der Nadler Holzschnitt von Jost Amman, 1568 Wolfgang Hug (Hg.), Unsere Geschichte, Bd. 2, Verlag Moritz Diesterweg: Frankfurt 1985, S. 77 – Französische Stecknadelmanufaktur um 1760 Wolfgang Hug (Hg.), Unsere Geschichte, Bd. 2, Verlag Moritz Diesterweg: Frankfurt 1985, S. 77
M 3.11	Löhne und Preise Zusammenstellung nach Pierre Gaxotte, Ludwig XIV. Aufstieg in Europa, S. 55 © 1951 by nymhenburger in der F. A. Herbig Verlagsbuchhandlung GmbH, München
M 3.12	König Friedrich II. von Preußen über seine Wirtschaftspolitik Friedrich II., Regeln für den Handel, 1752 Gottfried Guggenbühl/Hans C. Huber (Hg.),Quellen zur Allgemeinen Geschichte, Bd. 3, Schulthess Verlag: Zürich 1965, S. 320 – Urbarmachung des Oderbruchs Gottfried Guggenbühl/Hans C. Huber (Hg.),Quellen zur Allgemeinen Geschichte Bd. 3, Schulthess Verlag: Zürich 1965, S. 319
M 3.13	Das Oderbruch 1740 und heute Hans Ebeling/Wolfgang Birkenfeld, Die Reise in die Vergangenheit, Bd. 2, S.185 © Westermann Schulbuchverlag, Braunschweig 1971
M 3.14	Die Einführung der Kartoffel, Joachim Nettelbeck, 1744 Erich Stahleder (Hrsg.), Absolutismus und Aufklärung 1648 – 1789, Verlag Langewiesche und Brandt: München 1964, S. 104 ff, gekürzt
M 3.15	Überwachung der Kartoffelernte durch Friedrich II. aus: S. Graßmann (Hg.), Zeitaufnahme, Bd. 2, © Westermann Schulbuchverlag, Braunschweig 1979, S. 51, Abb. 2
M 4.1	Die Rechte des Königs. Jakob I. über das Königtum. In: Geschichte in Quellen, Renaissance, Glaubenskämpfe, Absolutismus, hrsg. v. W. Lautemann u. M. Schlenke, bearb. v. F. Dickmann. München: Bayerischer Schulbuch Verlag ³1982, S. 352.
M 4.2	Das englische Parlament und die Bewilligung der Steuern, 1628 In: Geschichte in Quellen, Renaissance, Glaubenskämpfe, Absolutismus, hrsg. v. W. Lautemann u. M. Schlenke, bearb. v. F. Dickmann. München: Bayerischer Schulbuch Verlag ³1982, S. 364 ff.
M 4.3	Der Konflikt des Königs mit dem Parlament, 1642 In: Geschichte in Quellen, Renaissance, Glaubenskämpfe, Absolutismus, hrsg. v. W. Lautemann u. M. Schlenke, bearb. v. F. Dickmann. München: Bayerischer Schulbuch Verlag ³1982, S. 375.
M 4.4	Die Hinrichtung des Königs Hinrichtung Karls I., 1649, zeitgen. Druck. Bildarchiv Preußischer Kulturbesitz, Staatsbibiliothek Berlin
M 4.5	England – eine parlamentarische Monarchie In: Geschichte in Quellen, Renaissance, Glaubenskämpfe, Absolutismus, hrsg. v. W. Lautemann u. M. Schlenke, bearb. v. F. Dickmann. München: Bayerischer Schulbuch Verlag ³1982, S. 495
M 4.6	Das englische Parlament – Staatssiegel von 1651 © Copyright The British Museum, – Eröffnung des Oberhauses durch Elisabeth II. dpa; entnommen aus: Informationen zur politischen Bildung, Parlamentarismus Teil 1, Folge119, 1966, S.19
M 4.7	Die englische Monarchie heute AP; entnommen aus: Recklinghäuser Zeitung Nr. 278 vom 25.11.1998
M 4.8	Zeitalter der Aufklärung / Absolutismus in England Entwurf des Verfassers
M 5.1	Die habsburgischen Länder im 17. und 18. Jahrhundert Entwurf des Verfassers
M 5.2	Maria Theresia um 1750 Martin van Meytens: Maria Theresia im Spitzenkleid, Kunsthistorisches Museum, Wien
M 5.3	Eine Frau als Herrscherin – Maria Theresia. Bericht des Gesandten Podewils vom Wiener Hof 1747/48. In: Geschichte in Quellen, Renaissance, Glaubenskämpfe, Absolutismus, hrsg. v. W. Lautemann u. M. Schlenke, bearb. v. F. Dickmann. München: Bayerischer Schulbuch Verlag ³1982, S. 637, gekürzt

Quellenverzeichnis G

M 5.4	Schulgesetze in den habsburgischen Ländern Allgemeine Schulordnung, 1774
M 5.5	Unterricht in einer österreichischen Knabenschule Gemälde eines unbekannten Malers um 1750 Historisches Museum der Stadt Wien
M 5.6	Der absolutistische Staat übt Toleranz Toleranzedikt, 1781 Gottfried Guggenbühl/Hans C. Huber (Hg.), Quellen zur Allgemeinen Geschichte, Bd. 3, Schulthess Verlag: Zürich 1965, S. 646 f., gekürzt
M 5.7	Eine Verwaltungsreform, 1784 Gottfried Guggenbühl/Hans C. Huber (Hg.), Quellen zur Allgemeinen Geschichte, Bd. 3, Schulthess Verlag: Zürich 1965, S. 349 ff., gekürzt
M 6.1	Preußen bis 1786 Entwurf des Verfassers
M 6.2	Der Große Kurfürst über das Regieren. Testament des Großen Kurfürsten Quellenlesebuch für den Unterricht in vaterländischer Geschichte, II. Teil, hg. von W. Heinze und H. Rosenberg, Verlag Carl Meyer: Hannover/Berlin 1904, S. 53
M 6.3	Preußen wird Königreich. Krönungszeremonie Friedrichs I., 1700 Hans-Joachim Schoeps, Preussen. 1963 Propyläen Verlag, Berlin
M 6.4	Die staatliche Verwaltung in Preußen. Verwaltungsreform 1722. Nach: Geschichte in Quellen, Renaissance, Glaubenskämpfe, Absolutismus, hrsg. v. von W. Lautemann u. M. Schlenke, bearb. v. F. Dickmann. München: Bayerischer Schulbuchverlag ³1982
M 6.5	Das Tabakskollegium Friedrich Wilhelms I., Ölbild eines unbekannten Malers Stiftung Preußische Schlösser und Gärten Berlin-Brandenburg
M 6.6	Gedenkmünze aus dem Jahre 1700, Holzschnitt Vermischte Schriften im Anschluß an die Berlinische Chronik und das Urkundenbuch, Bd. 1, hg. vom Verein für die Geschichte Berlins, Berlin 1888, Tafel 8; entnommen aus: Wolfgang Patzer, Stadtge- schichte im Untergrund, in: Journal für Geschichte H. 2/1980, S. 38
M 6.7	Über den Ausbau Berlins Friedrich II. über den Ausbau Berlins Quellenlesebuch für den Unterricht in vaterländischer Geschichte, II. Teil, hg. von W. Heinze/H. Rosenberg, Verlag Carl Meyer: Hannover/Berlin 1904, S. 61
M 6.8	Der Bau der Oranienburger Straße, 1735. Der Häuserbau im südlichen Teil der Berliner Friedrichstadt. Gemälde von D. Degen um 1740 Stiftung Preußische Schlösser und Gärten Berlin-Brandenburg
M 6.9	Preußen – ein Militärstaat? Ulrich Bräker, Lebensgeschichte und natürliche Ebentheuer des Armen Mannes im Trockenburg, Verlag Philipp Reclam Jun.: Stuttgart o. J., S. 113 f., gekürzt
M 6.10	Soldatenwerbung Der vollkommene teutsche Soldat, 1726 Rolf Hellmut Foerster, Die Welt des Barock, Max Hueber Verlag: München 1977, S.83
M 6.11	Das Hugenottenedikt von 1685 Rolf-Hellmut Foerster, Die Welt des Barock, Max Hueber Verlag: München 1977, S. 207 f.
M 6.12	Die Herrschaft der Habsburger / Aus Brandenburg wird Preußen Entwurf des Verfassers
M 7.1	Karlsruhe, Residenz des Markgrafen von Baden-Durlach, 1715, zeitgenössischer Stich Vorlage und Aufnahme: Generallandesarchiv Karlsruhe. (H Karlsruhe / 113a [= Karlsruhe, Residenz])
M 7.2	Schloss Augustusburg zu Brühl, Grundriss Wilfried Hansmann, Schloss Augustusburg zu Brühl. Rheinische Kunststätten Heft 23, S. 9, Köln ⁴1979
M 7.3	Garten und Schloss Sanssouci, 1760, Stich von J. D. Schleuen, Wilfried Hansmann, Gartenkunst der Renaissance und des Barock, Du Mont Buchverlag: Köln 1983, S. 273

G Quellenverzeichnis

M 7.4	Schloss Nordkirchen im Münsterland Foto des Verfassers
M 7.5	– Wiederaufbauplan der Frauenkirche in Dresden, IPRO, Dresden, Zeichnung-Nr. 800 30 272 Bauherr: Stiftung Frauenkirche Dresden. Entnommen aus: „Die Zeit" Nr. 53, 1998, 1998, S. 80 – Innenraum Wieskirche (Farbfolie) © Pfarramt Wieskirche, Steingaden
M 7.6	Ein Barockhaus des 18. Jahrhunderts, Bastelbogen Entwurf des Verfassers, entnommen aus: ders, Recklinghäuser Stadttouren II. O.V., Recklinghausen 1997
M 7.7	Mode – Pariserin in Paradekleid, Stich 1778 Archiv für Kunst und Geschichte, Berlin – Kurfürst Clemens August als Falkenjäger, 1730 Schloss Brühl entnommen aus: Rheinische Kunststätten Heft 23: Schloß Augustusburg zu Brühl, Köln ^{4}1979
M 7.8	Im Park von Schloss Belvedere, Wien, Stich nach Kleiner, Foto: AKG Berlin
M 7.9	Mode im Rokoko. Ausschneidebogen, Anziehpuppen des Rokoko Monika Plattner / Württembergisches Landesmuseum, Stuttgart
M 7.10	Eine Kleiderordnung des Kurfürsten von Köln, 1767 Werner Koppe, Stadtgeschichte im Unterricht. Recklinghausen 900-1950, Studienverlag Dr. N. Brockmeyer: Bochum 1986, S. 154 f.
M 7.11	Der Komponist Georg Friedrich Händel 1749 und 1748, Foto: AKG Berlin